保護者のてびき④

子育ては「親育」

～親子で育つ73のヒント～

日本学習図書
代表取締役社長
後藤耕一朗

まえがき

小学校受験に関する本を中心とした出版社の社長という仕事をしていると、多くの方から質問を受けたり、いろいろなトラブルを耳にしたりします。

それだけ悩んでいる保護者の方が多いということです。

私も三人の子どもを育てているので、子育ての悩みを少しはわかっているつもりです。

少しだけ……。

と言うのも、子どもが小さい頃は仕事が忙しく、子育ての大半を妻に任せていたからです。

子どもの幼稚園行事にも参加できませんでした。行事は同じ時期に行われることが多いため、来賓などでご招待いただいた幼稚園の行事に参加し、我が子の行事には行くことができなかったのです。

三男の行事に、保護者代理として小学五年生の長男が参加したこともありました。

そういう意味では申し訳なく思っていますが、行事に行かなかったからといって、子育てに無関心だったわけではありません。

子どもたちの話を、お風呂の中、布団の上で楽しく聞いていました。

それも昔の話。子どもたちは大きくなり、長男は社会人になっています。

その社会人になった長男が、ある時ふっと漏らした言葉にうれしくなったと同時に、親としてほっとしたことがありました。

それは、社会人になって新人研修を受けていた時のことです。

帰宅した長男が、

「お父さんは厳しかったけど、その意味がよくわかったし、ほんと感謝している」

と言ってきました。

その理由を聞くと、社会人なのに、目を見て話せなかったり、返事がちゃんとできない人が多くて驚いたということです。

我が家は、決して特別な家庭ではありません。ただ、この仕事をしている関係で、多くの教育関係者と会う機会があります。ですから、仕事をしながら親としても成長させていただいたと感謝しています。


我が家には五つの約束があります。

「目を見て話をする」「返事は『はい』」「嘘はつかない」「弱い者いじめはしない」という四つのレギュラーに、もう一つ加えています。

人によって、その時によって約束は変わります。

「自分に負けない」「お父さんとお母さんの言うことを聞く」「言ったことは守る」などです。

そして、これを破ると我が家には「恐竜」が現れ、メチャクチャ叱られます。

もちろん、約束については、一つひとつきちんと説明していますが、相手は子どもです。一度や二度話したくらいでは理解できないので、それこそ何度も何度も話をして、少しずつ理解させていきました。

その「約束」の意味が何だったのか、長男は社会人になって実感したようです。親として小言の真意を理解してもらえてよかったと思えた瞬間です。

実は、この「約束」を交わすことを教えてくださったのは、仕事でお世話になった某私立小学校の校長先生でした。

同時に、子どもと「約束を交わす」ということは、約束をさせた方も守ることが大切。「約束」をさせた方がぶれると、子どもたちは「約束」を軽んじるようになり、人を信用しなくなるとも教えてくださいました。

本書を読んで、皆さんが保護者としてもう一度子育てを見つめ直すきっかけにしていただければと考えています。

物事のとらえ方しだいで気持ちは変わります。

イライラして子どもを怒ってしまった時、後で考えたら、そこで怒る必要はあったのか、などということもよくあります。

しかし、最近は人間関係が希薄になり、相談したくても相談しにくい環境にもなっています。誰に相談すればよいのか……。ネットを見れば情報があふれているけれど、どれを選択したらよいのか……。

新たな悩みが生まれてしまうこともあるでしょう。

今後の子育てに役立てていただきたいという願いから、ちょっと厳しめのアドバイスも書かせていただきました。

読むことで、忘れていた大切なものを思い出したり、新たに知ることで今後のお子さまとの関わりに役立てていただけたら幸いです。

保護者のてびき④
子育ては「親育」～親子で育つ73のヒント～

目次　8

第一章
受験編

保護者としての使命を見失わない

受験を控えた子どもを持つ保護者は、試験が近づくと合格にしか目が向かなくなりがちです。ですから、子どもが合格から遠ざかるようなこと、例えば、答えを間違えたり、保護者が思っていることと違う行動をとったりすると、怒ってしまうのです。

「どうしてできないの」

「この間、勉強したばかりでしょう」

「お母さんの話を聞いてなかったの」

「何でそんなことをするの」

など、怒るバリエーションは豊富です。多くの方は、思い当たることがあるのではないでしょうか。その気持ちもわからなくはないですが、そこでお子さまを怒ったところでどうなるのでしょう。

怒って改善できたという方もいるかと思いますが、それは勘違いです。多くの場合、その場だけの反省であって、決して言われたことを理解したわけではないのです。

ここで質問です。

皆さんは、何のために保護者をしているのでしょうか。

受験のために保護者になったわけではありませんよね。

怒っている時、保護者としての大切な使命を忘れているのではありませんか。

子育てのゴールは、小学校受験での合格ではないはずです。あえて言わせていただければ、合格したからといって子どもの一生が決まるわけではありません。にも関わらず、それがすべてのようにとらえてしまうのはどうでしょう。

本末転倒ですよね。

小学校受験をするからこそ、「子どもをしっかり育てる」という保護者としての大切な使命を忘れてはいけないのです。

お子さまの人生の選択肢の一つとして「小学校受験」があります。それ以上でも、それ以下でもありません。

ですから、保護者の方が思っていること、願っていることと違うからといってお子さまを怒るのは見当違いです。むしろ、できなかった時はそれを歓迎しましょう。

「えっ、どうしてそんなこと」

だって、できないことがわかったんですよ。それを復習すれば、できるようになるじゃないですか。できなかったことができるようになれば、お子さまの自信になるのではありませんか。保護者の方も、お子さまといっしょに成長していきましょう。

ビジョンを持とう

ビジョンって……。

我が子をこうしたいという想いは持っていますけど。

そういう方は多いと思います。ただ、ここでいうビジョンとは単なる目標ではなく、目標に到達するために、何を大切にするのかというところまで含んだものです。

子どもを育てるのに、どんなことをすればよいのかという、育てる側のビジョンが何よりも重要です。

我が子がどう育ってほしいのか。

その上で、「いつ」「何を」「どうするのか」という保護者としてすべきことを含めた子育て全体のことを考えていきます。そして大切なことは、目標達成のために、保護者がどのような努力をし、勉強をしているかということです。

時代の変化とともに、情報が簡単に手に入るようになりました。同時に、情報に振り回されている人が多くなったことも事実です。そんな時代だからこそ、ビジョンを明確に持ち、ぶれないことが大切です。

これは受験に関しても同じです。

まずは、志望校を明確にしましょう。志望校が決まれば、行事や建学の精神、試験内容など、さまざまな情報を入手することができます。

学校が求めていることがわかれば、それに向かって取り組んでいけばよいので、やるべきことが明確になります。

学校が求めていることは、説明会に参加し、過去問を分析することで把握することができます。そうなれば、入試までに何をしなければならないかがわかります。

ここで申し上げたいのは、こうした方法論を修得することではなく、こういう子どもに育ってほしいという理想を持つことです。そうすれば、その理想に近づける学校に通わせたいと考えます。その学校が求めていることがわかれば、学習や生活体験に落とし込んで身に付けるようにするでしょう。

こうした、一連のつながりを持たせることが、ここでいうビジョンになります。

あらたまって考える必要はありません。今までの子育ての延長線上に、ビジョンは存在しているのです。

ビジョンは具体的に

先程は、漠然とした全体のビジョンについて話しましたが、ここでは、そのビジョンについて、さらに具体的に説明していきたいと思います。

スポーツに例えるとわかりやすいので、その形で話を進めていきます。

プロ野球に限らず、サッカー、バスケットボール、バレボールなど、それぞれのチームは優勝を目指してシーズンを戦います。優勝を狙うことは、目標であり全体のビジョンです。そして、選手は優勝を勝ち取るために、自分はどうすればよいのか、個々のスキルアップを考えます。考えた後、トレーニング、練習、キャンプを経てシーズンを迎えます。

しかし、具体的なビジョンは一つではありません。

野球であれば、打つ、走る、守る、投げるなどがあります。それぞれ明確なビジョンを持って取り組み、選手としてのレベルアップを図らなければなりません。

また、シーズンを通して、すべての選手の調子がよいわけではありません。

よい時もあれば、悪い時もあります。悪い時でもしっかりとしたビジョンを持っていることで、ぶれずに取り組むことができます。

こうした一連の流れを学習に当てはめていくと、

チームの優勝 ＝ 合格
↓そのためにすること ＝ 学習計画
↓作戦・戦略 ＝ 日常生活
↓走攻守など ＝ 学習分野
↓技術面 ＝ 実際の学習の取り組み

といった感じになります。

プロセスを大切にすることで、大きな目標を達成することができます。

また、物事は考えようで、ぶれるなと言えば言うほど、ぶれてしまうのが人です。

ですから、しっかりとしたビジョンを持つことで、プレッシャーに負けることなく取り組めるようになるのです。

合格は親のためならず

受験生を持つ保護者は、家事などとの両立もあるので、とてもがんばっていると思います。まして、共働きとなればなおのこと大変でしょう。

そういった苦労はよくわかります。お子さまは、まだ年齢が低い分、自分でできることは限られてしまうので、保護者の力、関わりがどうしても必要になります。

一方、関わりが強いからこそ、お子さまが主役のはずの受験が、いつの間にか保護者の方が主役になってしまっていることが多いのも、小学校受験の特徴と言えるでしょう。

中学校受験になると、保護者では手が出ない問題もあるので、「なら、これできるの」と言われないように、学習には口を挟まない方も多くなってきます。

志望校の説明会や公開授業など、学校に触れる機会が増えれば増えるほど、合格させたいという想いは強くなります。私立・国立小学校には、公立小学校にはない魅力がたくさん詰まっているので、どんどん魅了されていくと思います。

しかし、その想いが強くなればなるほど、試験が近くなればなるほど、絶対合格しなければという気持ちに支配されてしまいます。そうなると、子どものミスが許せなかったり、「どうしてできないの」と語気が強まってしまうことも。

そうなった時は、もう一度原点に戻ってみましょう。

そもそも、なぜ受験をしようと思ったのですか。

それはどうしてですか。

そう考えていくと、行き着くところは子どものためということになります。

小学校受験をすることで、子どもが身に付けられることが何かを考えてみましょう。

試行錯誤や興味関心は、入学後の学びの質の向上に役立ちます。

また、問題を解くための、集中力、語彙力、観察力、論理的思考力などの「力」と称されるものは、入学後の学力伸長には絶対に欠かすことができません。

受験をするのはお子さまなのに、保護者の方が熱くなっても試験の点数は上がりません。上がるのは、極度の緊張感と大人の顔色を見分ける力くらいです。

ただ、この力が上がったからといって試験に有利になることはありません。

イライラした時は、過度に押しつけていないか、求めすぎていないか、チェックしましょう。

がんばりすぎてしまっている方、肩の力を抜いて笑顔です。

意見の不一致は当たり前

入試直前になると、「保護者間で意見が合わずに言い争いをしてしまう」という相談をよく受けます。

おそらくですが、通っている幼児教室の先生から、「面接がある学校を志望する方は、保護者間で意見を統一しておいてください」と言われたからではないかと思います。

これ、間違ってはいないのですが、すべてが正しいとは言えません。少し言葉が足りないがゆえに、混乱してしまうのだと思います。

受験の有無に関わらず、家庭内の教育方針は統一しておく必要があります。

しかし、保護者それぞれの意見まで統一させる必要はありません。ほかの項目でも触れていますが、保護者は性別も違えば、育ってきた環境も、日中の生活環境も違います。価値観や趣味も違うでしょう。

それは当たり前のことです。人が違えば、意見がすべて同じなどということはあり得ません。逆に全部が同じという人は驚くぐらい少ないと思います。私は出会ったことがありません。

ですから、保護者間ですべての意見が一致しなくてもよいのです。

保護者間の意見の一致にそこまで神経をすり減らしているのであれば、弊社発行の『面接テスト問題集』と『入試面接最強マニュアル』をお読みください。ほかでは教えてもらえない面接の裏側や、対策などのアドバイスが書いてあります。自分で書いておきながら何ですが、あそこまで踏み込んだアドバイスは、ほかにはないと自負しています。

話を戻します。「個々の意見」は一致しなくてもよいのですが、「子どものこれからについて」だけは意見を一致させておいてください。受験をするのであれば、「志望動機」になります。

考え方の違う保護者同士でも、子どものためを思って話し合った結果、受験に至ったというシナリオが必要です。そのきっかけは何でも構いませんが、「子どもの将来を考えた結果」という前提が必要だからです。

それがないとどうなるか……。子どものことを真剣に考えていない保護者と受け取られ、学校が望む家庭像からは遠く離れてしまいます。

受験をしない場合でも、子どもの将来についてのビジョンは、保護者間で話し合っておいた方がよいでしょう。その点が一致していないと、保護者間で躾、教育観のぶれが生じ、それに挟まれた子どもはどうしてよいのか混乱してしまいます。

先取り教育が必ずしもよいとは限らない

学習指導要領の改訂にともない、小学校でも英語教育、プログラミング教育などが始まりました。そうした変化に対応すべく準備をしている家庭も増えており、中でも、「英語」「パソコン」などの人気が高くなっています。

英語は、早く始めることで、耳が慣れ、発音もよくなると言われています。たしかにその点はメリットでしょう。一方で、デメリットは意外と知られていません。本書を読まれているご家庭の中には、インターナショナルスクールや、それに関連した幼稚園に通われている方もいると思います。そのような方が気を付けることの一つに、「聞く姿勢」があります。

多くのインター系の幼稚園では、話を聞く時の姿勢まで指導をしていないことが多く、小学校入学後にその影響が出てしまいます。「じっと座っていられない」「机に肘をついている」「椅子にダラッと座って足を投げ出している」といった姿勢です。

また、日本語に触れる機会が少ないため、どうしても同じ年齢の子どもに比べ、日本語での会話がうまくできない傾向が見られます。語彙力が弱いと授業内容が理解できず、授業にもついていけなくなってしまうのです。

反対に、英語はほかの子どもよりも理解が進んでいるため、学校の授業内容では物足りなく、「わかってる」「知ってる」などと言いながら、授業を混乱させてしまうなど、授業進行の妨げになることも多いようです。

こうした極端な例は、それほど多くないのかもしれませんが、「インター出身の子ども」の授業態度に関する話はよく耳にします。

授業態度と言えば、同じような話を聞くのは、デジタル機器を扱う授業です（プログラミングなど、入学後にパソコンを使用した授業が行われています）。

明らかにゲームのしすぎで、入学時にメガネを必要とするほど、視力低下を起こしている子どもが増えています。当然、そうした子どもの授業態度はよくないという話です。

このように、先取り教育にも弊害はあるのです。先取りをすることが悪いということではなく、大切なのは、年齢に応じたものをきちんと身に付けた上で行うことです。

もし、足りないと感じるところがあれば、日常生活でより意識をして取り組むように心がければよいでしょう。先取りのことを軽く考え、流してしまうと、後々慌ててしまうことにもなりかねません。そうならないように注意しておきましょう。

生活体験が大切

学力を付けたいからといって、問題集をたくさん買ってきてやらせようとしても、なかなか続きませんよね。そもそも学習は、興味関心がないと、自分から進んでやろうとするものではありません。

では、どうすれば興味関心を持つようになるのでしょうか。

子どもが物事に対して好奇心を持つ瞬間は、何気ない生活の1コマであり、生活体験にあります。子どもはまだ、知識がありません。さまざまなものに触れることで、興味関心を持つようになります。そして、新しく得た知識が過去の経験とつながることで、学ぶことに楽しみを覚えるようになります。

学ぶ楽しみを知った子どもは、自分で学ぶようになっていきます。

ですから、幼児期の生活体験は、その後の学習に大きな影響を与えるのです。

生活体験でもう一つ大切なことは、試行錯誤させることです。もちろん、その中には失敗も含まれます。たとえ失敗したとしても、「どうなるんだろう」「こうかなぁ」などと言いながら、チャレンジを繰り返した後、成功（正解）に至ることができれば、達成感も倍増です。

ですから、保護者は失敗しても優しく見守って、「次はどうかな」「どうやったらできるかな」などの言葉かけをして、子どもの好奇心をくすぐってあげましょう。

「こうすればできるでしょ」といった、答えに直結するような言葉かけはおすすめできません。

そんなことを言えば、試行錯誤がなくなってしまいます。学びの醍醐味は、考えた末に答えにたどり着くことで得ることのできる、「わかった」という発見にあります。

答えを教えるような言葉かけは、フランス料理のフルコースで、いきなりメインディッシュが出てきてしまうようなものです。

フルコースは、前菜から始まり順番に食べていくことで、メインディッシュにワクワク感を抱きますよね。そういうことです。

ちなみに、フランス料理の知識があれば、次に何が出てくるのか、どんな味なのかを想像することができます。そうすれば、料理に対する楽しみも倍増すると思いませんか。

学習において、そのベースになる知識が生活体験なのです。いろいろな生活体験を、お子さまといっしょに楽しんでください。生活体験は学習の種です。その種類が多ければ多いほど、たくさんの花を咲かせることができるようになるでしょう。

○×だけで判断しない

問題集を解いていると、どうしても結果だけを見てしまいがちですよね。その傾向は入試が近づけば近づくほど強くなります。

たしかに、学習において結果はすごく重要です。でも、ちょっと視点を変えてみると、○か×かだけの学習には危険がともなうことがわかります。

結果重視の学習の効果的な方法は、ハウツーを身に付けることです。合格だけを考えた場合には、それでよいとも言えますが、入学後のことを考えると多くの問題が出てきます。

入学後に待っている学習は、詰め込み学習ではありません。さまざまなことに興味関心を持ち、発展させたり深めたりする学習です。

ですから、学ぶことに興味関心が薄いと、授業についていくのが難しくなってしまうようです。一年生の一学期は調子がよくても、二学期になると少しずつついていけなくなってしまう子が出てくるのはそのためでしょう。

こうしたことを防ぐには、どうすればよいのでしょうか。そのためには、家庭学習を行う際に、結果だけではない学習をすることです。

受験をする立場では、○か×かは当然気になるものですが、その先を考えて学習することをおすすめします。大切なことは、プロセスを重視することです。解答を導き出すまでの考え方をきちんと理解していれば、解答が間違っていたとしても焦る必要はありません。解答するという作業に慣れてしまえば、自然と正解できるようになります。

発展的な学習としては、最初に思いついた方法とは違うアプローチがないかをたずねる方法があります。子どもはアプローチ方法がわかり、解答までのプロセスを理解すると、そのやり方だけに固執してしまう傾向がありますが、別の解答方法を考えることは、それを防ぐ意味もあります。

論理的に考えなければいけない問題やハウツーが通用しない問題に直面した時にも対応できるように、複数のアプローチ方法を身に付けておきましょう。複数のアプローチがあることを知ること自体が、入学後の学習にもつながっていきます。

つまり、学習は「○か×か」「正解か不正解か」だけを気にするのではなく、考え方を学ぶことも大切だということです。

第二章
子ども編

子育ては三角形

お子さまには、「よい子に育ってほしい」「頭がよくなってほしい」など、さまざまな想いや願いを抱いているでしょう。子育てをしている間、そうした気持ちはずっと続いていくはずです。

お子さまが大人になって、結婚することになれば、今度は初孫を願ってしまいます。お子さまに対する想いは一生続くことでしょう。

ただ、成長ということを考えた時に、一番大切な時期は幼児期になります。35ページ図1を見てください。この図では、高さを年齢（成長）、幅はその時に身に付けなければならないことと考えてください。

お子さまが一度に取り組めるキャパシティーはどれくらいでしょう。取り組む量が多くなれば負担は大きくなり、一つのことが薄くなってしまいます。取り組む量が少なければ、一つのことをしっかり取り組むことができるので、きちんと身に付けることができます。

一般的に三角形というと、頂点が上にくるようになります。三角形は底辺が広ければ広いほど安定します。ですから成長になぞらえると、幼児期にしっかりと躾けることが、その後の成長に安定をもたらします。そして、ある程度成長すると、今度は、今までに蓄えた力を使って、さらに飛躍していきます。土台が安定していれば、しっかりと踏み切ることができるということです。

一方で、幼児期にしっかりと身に付けられなかった場合、図2のような逆三角形になってしまいます。一見してわかると思いますが不安定ですよね。幼児期に身に付けなければならないことが身に付いていません。

ですから、後になって足りなかったことを身に付けなければならないので、あれやこれやと大忙しになってしまいます。

しかも、土台がしっかりしていないため、フラフラして安定感がありません。これでは保護者の方もイライラが募るばかりですよね。

そうならないためにも、幼児期の取り組みが大切なのです。

今までは平面で話をしていましたが、今度は立体の三角すいとして考えると、さらによくわかると思います。

三角すいを逆さにを立てることができますか？　頂点が点ではなく、小さな三角形だったとしても、かなり難しいはずです。

そして、三角形のそれぞれの頂点に、「躾」「学力」「常識」などのキーワードを付けると、お子さまのバランスが見えてきます。

お子さまの三角すいは、どんな形でしょうか。

立体にすると、よりリアルに感じられると思います。実際のところ、立体的に表すのは難しいですが、バランスを意識することで、お子さまの得意なところや苦手なところが見え、偏りがなくなってきます。

この項目で一番大切なことは、こういったバランスの意識を持つということです。意識をすれば、お子さまとの向き合い方も変わってくるのではないでしょうか。

図１

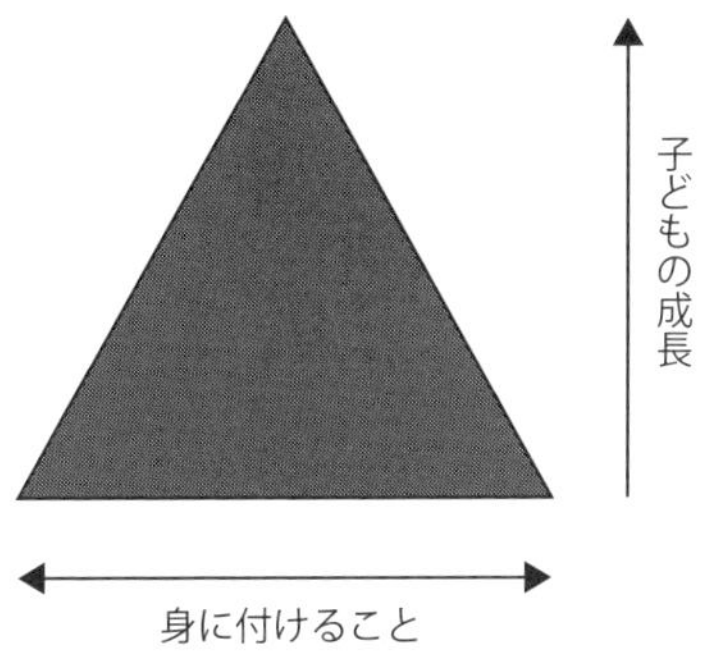
子どもの成長
身に付けること

図２

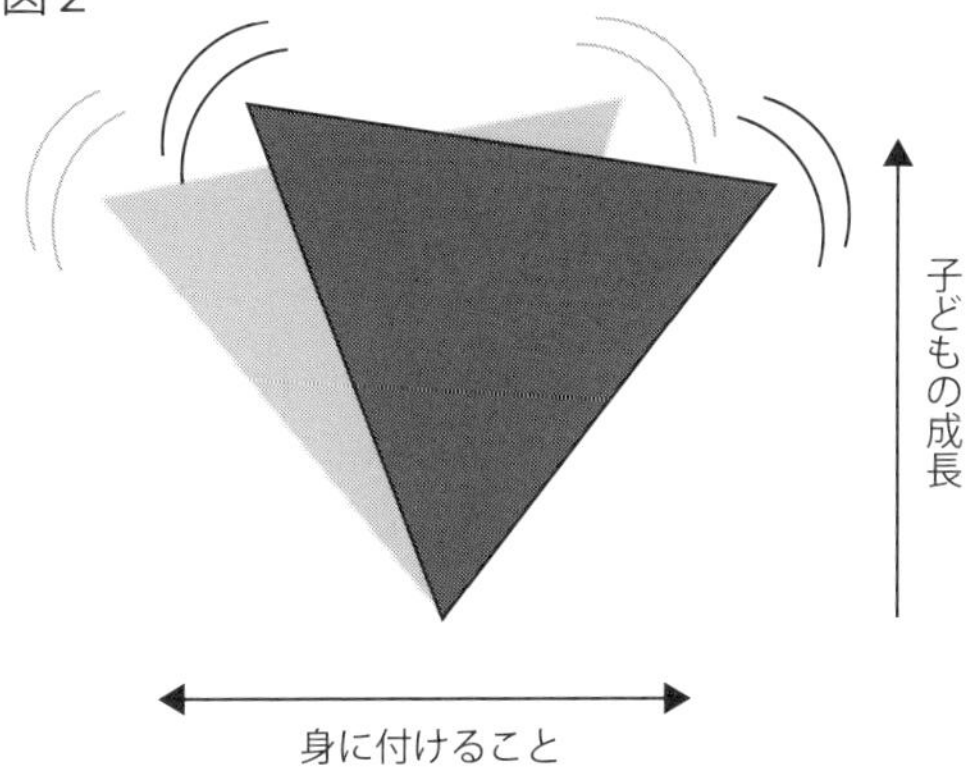
子どもの成長
身に付けること

あえて「不便」で生活体験を増やす

タイトルだけでは何を言いたいのか伝わりにくいかもしれませんが、不便をすることも、立派な学習の一つになるという話です。

皆さんは、学習というと机に向かって黙々とこなす様子を想像すると思います。たしかに机でのペーパー学習も必要ですが、幼児期の学習は、それだけではありません。むしろ、机上以外の生活体験の量と質が、その後の学習に大きく影響してきます。

幼児期の子どもにとって、経験は大きな財産になります。それは、成功体験も失敗体験も同じです。

では、どうして、「不便」なのか。

便利であることは悪いことではないのですが、便利になったことで考えることが少なくなってしまっていると感じます。

しかし、「不便」だとどうでしょう。何事もスムーズには進みません。不便ゆえに、どうすればよいかと試行錯誤します。この試行錯誤が、子どもの考える力、観察力、集中力などを伸ばし、その後の学力によい影響を与えてくれます。

それに、「不便」を広義にとらえると、保護者の皆さんに、「楽をしてください」「手を抜いてください」ということでもあります。

もちろん、すべてにおいて手を抜けと言っているのではありません。必要以上に手をかけずに見守ってくださいということです。

試行錯誤して上手くいったのなら、「どの点がよかったのか」「どのようにしたのか」などの質問していきます。言葉にすることで、自分のしたことをもう一度反芻することができます。

日常生活の中で、いろいろ試してみましょう。お風呂の自動温度設定を切っておきます。シャワーも使用禁止にすれば、さらに不便になり、頭の中をフル回転してどうすればよいのかを考えるようになります。

シャワー禁止、温度設定も自動ではないとなると、どうやってお湯を出せばよいのか、どうやって身体を洗えばよいのかを考えなければなりません。しかし、そこは経験のない子どもです。そんな時は、大人が先に入って、後の人のことを考えないような入り方をし、その直後に子どもを入浴させます。そうすると、ほかの人のことを考えることがいかに大切かを学ぶことができます。指導する前に、体験させる。不便であればあるほど、そうした体験の機会が増えるということです。

失敗を失敗にしないためには

そもそも、失敗とは何でしょうか。何をしたら失敗なのでしょう。

改めて自分に問いただすと、考え込んでしまいませんか。

失敗は、それを失敗と認めた時にはじめて失敗になります。ですから、子どもが失敗したとしても、保護者が失敗と認めなければ、それは失敗にはなりません。

しかも、失敗と認めることで、気持ちもマイナスになってしまいます。

では、「どうとらえればいいの」と考えますよね。

それを「経験」としてとらえてしまえばよいのです。

「失敗」を「経験」にすることで、ネガティブな気持ちはなくなります。むしろ、いろいろな経験ができると、ポジティブな気持ちに変換できるのです。ポジティブになれば、イライラもなくなるでしょう。

想像してみてください。

晩ごはんに冷や奴を出そうと思い、お子さまに「絹ごし豆腐を買ってきて」とおつかいを頼んだのに、間違えて木綿豆腐を買ってきてしまったとします。

そこで、「ちゃんと聞いてなかったの」「何で木綿豆腐を買ってきたの」などと言った後、楽しい気分になるでしょうか。

間違えて買ったことを嘆いても、木綿豆腐は絹ごし豆腐には変わりません。変わらないのにチクチク言ってみても、意味はありません。

ならば、考え方を変えればよいのです。

木綿豆腐で冷や奴もいいですが、メニューそのものを変えるという方法もあります。おかずを豆腐ハンバーグや揚げ出し豆腐などに変更してはいかがでしょう。

その時、お子さまといっしょに料理をすれば、会話も楽しめますし、使用する道具の名前、料理に関する知識、食材に関する知識などを身に付けることができます。そうした知識は、小学校受験にもつながっていくのです。

そう考えたら、イライラして怒るより、次のステップを考えた方がお得だと思いませんか。そして、会話を通して、聞く力、集中力を付けることで、失敗も減っていくでしょう。

マイナスの体験をワクチンに

毎年、冬になると、インフルエンザが流行します。流行する前に、予防接種を受けましょうと言われると思います。予防接種を受けると、インフルエンザにかからずにすむか、かかっても軽い症状ですみます。

似たようなことは、日常生活にもあります。保護者は子どもが失敗しないように、つい手を出したり、「線路を敷いて」あげたりすることです。保護者は、そうした行為を、「予防接種」と考えているかもしれませんが、そうではありません。その行為は子どものためにならないどころか、これから先に大きな不安を残すことになるかもしれないのです。

マイナスの体験は、子どもの対応力を鍛えます。その体験こそが「予防接種」になるのです。

小学校に入学すると、これまで以上にさまざまなお友だちと出会います。出会う人が増えればトラブルも増えるものです。そうした時、今までにマイナスの体験が少ない子どもは、小さなトラブルでも、大きな出来事としてショックを受けてしまいます。

それを見た保護者は、子どものことを心配して学校と話し合おうとします。しかし、思うようには解決せず、保護者はしだいにイライラしてしまいます。

こうしたことは、小学校でよく見る光景なのです。子ども同士のことで保護者が出てくると、子どもは消極的になってしまいます。

逆に、保護者は、「子どものためにがんばっている」という気持ちになってしまうのです。こうなってしまうと、保護者の感情が高ぶって、事態の収拾どころではなくなってしまいます。酷い時には、非難の応酬になってしまうこともあります。

絵に描いたような悪循環です。

子ども同士のトラブルは必ず起きます。小学校の六年間で、全く友だちと揉めなかったという子どもの方が珍しいでしょう。トラブルが起きた時に、どのように解決していくのかを考えることも教育の一つです。保護者が必要な時は、学校から呼び出されるので、それから対応しても遅くはありません。

こうした事態を防ぐためには、小さなマイナスの体験をたくさん経験しておくことです。これが最初に言った、「予防接種」ということです。小さな失敗を乗り越えることで、経験と自信が付きます。そうなれば、過去の経験から、目の前のトラブルを乗り越えることができるようになります。

いきなりできることではありません。スモールステップを積み重ねていきましょう。

「命令形」と「否定形」は禁物です

「思った通りにならない」「期待した結果が出ない」と言って、お子さまを叱った時の言葉を思い出してください。

その時に叱ること自体がどうかという問題もあるのですが、ここではそれは横に置いておきましょう。

思い返すと、「命令形」「否定形」になってはいませんでしたか。

「つい、感情が先走ってしまって」と反省の弁が浮かんでくることでしょう。ここで思い出していただきたいのは、自分がそのような言い方をされたらどう思うかということです。

どうすればよいかは簡単です。

お子さまはひどい言葉で怒鳴られて、暗い気持ちになっていると思います。だったら、そんな叱り方をしなければよいのです。

では、ここで考え方を少し変えてみましょう。「そうなってほしい」と思うのに、「そうなってくれない」のであれば、「そうなってほしい」という考えを、「そうなりたい」に変えてみるのです。

自分の「思い」を、子どもの「希望」に変えてしまいます。

そして、「そうなりたい」と思わせるにはどうしたらよいのかを考えるのです。

相手をその気にさせるには、「命令形」「否定形」ではダメです。

マイナスの言葉でやる気が出ないのは当たり前です。ポジティブな言葉こそ、意識を変えます。

振り返ってみれば、イライラした時も同じではないでしょうか。原因を心に閉じ込めてしまうのではなく、考え方を変えるだけで問題が解消できることって意外と多いのではないでしょうか。

何か一つが好転すると、ほかにも影響して、どんどん全体がプラスに変化していきます。そうなれば前向きになれますよね。

プラス志向になったら、「命令形」「否定形」とはさよならです。

意識のちょっとした変換なのですが、なかなか気が付かないんですよね。

何事も、できると信じればできますが、できないと思えばできません。

それなら、やってみることを心がけてみてはいかがでしょう。

早寝早起きを

生活習慣を身に付けさせることは子育て、教育の基本です。幼児の場合、夏休みなどの長期休暇時に生活習慣が乱れやすくなります。そうした時期に、子どもが喜びそうなテレビ番組が多数放映されることも一因と言えるでしょう。

ところで、「生活習慣の乱れは朝起きてから始まる」という話がありますがこれを勘違いしている人が多いのです。「生活習慣の乱れは起きた『後』のこと」と、多くの方が思い込んでいるようです。

起きる時間によって、その後の生活は大きく変化します。極端な話、朝六時に起床した場合と、お昼まで寝ていた場合とでは、その日の動きは全く違ってきます。この点からも、起きることが「生活習慣のスタート」であることがわかると思います。

まずは、起床時間を修正してください。

しかし、早寝早起きがよいことは誰もが知っていると思いますが、早く起きようと決めたからといって、自然に目が覚めるわけではないですよね。

「どうしたら早起きになるのか」

「早く起きるためにどうすればよいのか」

と、考え、頭を悩ませる方は多いでしょう。

こういう時も、考え方を少し変えるだけで実現することができるのです。さまざまな困難に直面した時、「押してもだめなら引いてみな」ということわざのように、やり方を変えてみると、あっさりできたりするものです。

今回の場合、早寝早起きを「する」わけですよね。

この行動は、本人が意思を持って行うことになります。

そこで、逆転の発想で、早寝早起きを「してしまう」に変えて考えればよいのです。自分で起きるのではなく、朝早く目が覚めてしまうようにしてしまいます。

そう考えると、早く寝るように仕向ければよいですし、「寝る＝起きていられない」という状況にすればよいとわかりますよね。

「ちょっと、起きててね。もうすぐごはんよ」と言いながらも、「早く寝てくれた」という状況を作ることができれば、翌日の朝はおなかが空いて早く目が覚めます。

朝早く目が覚めたら、その日の夜はどうです。

簡単に早寝早起きができるようになるでしょう。

ちょっと考え方を変えるだけで、簡単にできることなのでチャレンジしてみてください。

子どもと「真剣」に向き合っているか

皆さんは、お子さまと「真剣」に向き合っていますか。「真剣」とは、「いい加減」の反対語ではなく、本来は向き合っている「姿勢」のことをさしています。

自分に置き換えてみてください。相手が真剣ではないと感じた時、その人の話やアドバイスを真面目に聞く気になれるでしょうか。

なかなか「真剣」にはなれませんよね。

では、どのような相手に対して「真剣」になるのか。それは、自分に対して相手が真剣に向き合ってくれていると感じた時でしょう。

怒る時は真剣に怒り、笑う時はいっしょに大笑いし、どうしても理解してほしいと思う時は涙を浮かべて話しかけてくる相手なら、こちらも真剣に向き合いますよね。

では、みなさんは我が子に対して真剣に向き合えているでしょうか。

お子さまと向き合うのは、家の中だけとは限りませんよね。時には外でも向き合うことがあります。その時に、本当にお子さまと向き合えていると言えますか。

私は、周囲の目を気にしながらお子さまと向き合っているように感じることが多いのですが、そのことに危惧を感じています。

保護者が、状況によって向き合い方を変えていると、対峙している子どもの価値観はどうなってしまうのだろうと考えます。「三つ子の魂百まで」と言いますが、その大切な時期に、教える側がぶれていたら、どうなってしまうのでしょう。

大人はさまざまな経験をしているので、臨機応変に対応できますが、子どもはまだそれができません。ですから、保護者がぶれてしまうと、子どもには大きな影響を与えます。

また、保護者の方が真剣に向き合っているからこそ、お子さまは何かを感じ取ることができ、しっかりと受け止めてくれるのだと思います。

子育てに鎧は必要ありません。今、鎧を着ている方がいたら、まずは鎧を脱いでください。

お子さまには、「裸」で向き合ってください。

笑顔、温もり、真っ直ぐな愛で子どもと向き合ってほしいと願っています。

今回は、堅い話になってしまいましたね。

叱ることを恐れていないか

「叱る時はその場で」ということがよく言われますが、外で子どもを叱る時、周りの目を気にしてはいませんか。これ、前にも言いましたね。

本当に気にしている保護者が多いのです。

皆さんは保護者であり、全責任を負って子どもを育てています。

子どもは親を選べません。ですから、自分を選んで生まれてくれた子どもに感謝し、きちんと育てる義務があるのです。子どもが生まれてくれたからこそ、たくさんの幸せを感じることができたのです。

大切な宝物を育てているのですから、ほかの人の目など、気にしている場合ではありません。どんな時でも全力で叱れば、思いはきちんと通じているはずです。もちろん、「叱る」と「怒る」は違います。そのところは間違えないでください。

また、私は、「親はいつも新人」と言っています。

ですから、親は親としての学習をしなければならないとも思っています。こうして私の本を手にしてくださった方は、何か得るものがあればと意欲を持ってくれているので大丈夫でしょう。

私から言えることは、親として自信を持ってくださいということです。自信がないなら、自信を持てるように勉強や努力をしましょう。

そうすれば、自信を持って、毅然とした姿勢で子どもと向き合えるはずです。

そういう心構えでいればよいのです。

できるかどうかなどという不安を抱えることはありません。正解かどうかは誰にもわからないのですから。自分自身を信じ、親としての責任感をしっかり持っていれば大丈夫です。

そうした姿勢でいれば、子どもは、「いつも私のことを思って真剣に向き合ってくれている」と感じてくれます。

そして、その「叱る」の根底を支えているのは、親子の関係性です。子どもが安心できる関係を築けていれば大丈夫です。

「なせばなる　なさねばならぬ　なにごとも

ならぬは人の　なさぬなりけり」（上杉鷹山の言葉）

この言葉を励みに、がんばりましょう。

「怒る」と「叱る」をはきちがえない

「子どもをちゃんと育てたい」「間違っていることを正したい」という気持ちのこもった言葉を「叱る」と言い、感情のままに吐き出す言葉を「怒る」と言います。

はじめは「叱っていた」つもりだったのに、最後には「怒っていた」などということはよくあることです。

こうした経験は、誰にでもあるのではないでしょうか。

相手が、自分のことを考えてくれているという気持ちがあるとわかっていても、いつも感情を前面に出して、押しつけられたらどう思いますか。

叱られる原因を考えてみても、わざと悪いことをしたという場合もあるかもしれませんが、多くの場合、不可抗力による失敗なのではないでしょうか。

それが学習ならなおのことです。もし、学習の時にわざと間違えたのなら、問題は別のところにあります。その時は、その原因を追求して取り除かなければなりません。怒ってしまったらかえって逆効果になってしまいます。

また、保護者に対して何らかの気持ちがあり、困らせてやれと思って失敗したり、悪さをするということもあるでしょう。ですから、保護者は自分に原因がなかったか振り返ってみましょう。そして、心当たりがあれば謝り、修正してください。

そもそも、怒ったからといって、それが改まることはありません。怒って修正できるのであれば、たいていの子どもはよい子になっているはずですが、どうでしょうか。

子育てを振り返った時、上手くいったことより、上手くいかなかったことの方が想い出に残っていませんか。

今、怒っていることは、大したことではないのです。ですから、感情が前面に出てしまいそうな時は、少しだけ子どもと距離をとってみませんか。

では、距離をとって何をするのか。

ふだんはしない場所の掃除とか、料理などでもよいと思います。

掃除などは、家がきれいになるので、それを見たらきっと心もスッキリしていると思います。

心もスッキリ、お家もスッキリ。二つもスッキリするなんてよいことですね。

ほら、笑顔が取り戻せるでしょう。

自信を持って叱りましょう

最近、子どもを褒めて育てるという育児法をよく耳にしますが、褒め方によってはよい方法と言えます。あくまで、褒め方しだいですが……。そのことは、拙著『子どもの「できない」は親のせい？』の中で触れてますので、詳しくはそちらをご覧ください。

子育ての方法として長所を伸ばすというやり方もありますが、やはり、三～四歳の頃は「よいことと悪いこと」の判断基準を身に付けさせる方が優先になるので、褒めるだけではいけません。

悪いことは悪いと、ちゃんと叱れる大人って素敵だと思いませんか。大人だからこそ、いけないことを目にしても、目を背けてしまうことがありますよね。それは他人だからということかもしれませんが、もし、それを我が子にしてしまったら、その子の将来はどうなるのでしょう。

保護者の責任は本当に重いのです。

子どもは素直な分、残酷な一面も持っています。それは、わざとではなく、言ってよいことと悪いことの判断、影響がわからないがために起きてしまうことです。

子育てをしていて傷つくことは避けて通れないのです。

でも自分には無理では……、と考えている方、忘れてしまったかもしれませんが、あなたにも幼い頃、自分の言葉で親を傷つけてしまった経験があるはずです。それでも親は受け止めてくれたのです。そうしたことを繰り返し、皆さんも成長してきたのです。

今度は、自分の番がきたということです。

避けて通れないのなら、そういうものだと割り切ってしまいましょう。傷つくことがあれば、それはそのように育てた自分の責任だと思えばよいのです。

子どもとしっかり向き合い、叱ることを恐れずにがんばったら、素敵なご褒美が待っています。

子どもが一人立ちした後、がんばった分の幸せを与えてくれます。それが育児ではないでしょうか。そう感じた時に、がんばってきてよかったと思えるでしょう。

しかし、そうした状況になるのはまだまだ先の話です。保護者の皆さん、今が踏ん張り時です。

子どもの将来を考え、最強の応援団になりましょう。

怒ったところで何になる

怒ったところで何になる。

・イライラが増すだけでスッキリしない。

・言いたいことをまき散らしたが、相手には届いていない。

・長い時間かけたが、効果なし。

本項のタイトルに対する答えって、ネガティブなことしか思い浮かびませんよね。

怒るにはそれだけの理由があったのかもしれませんが、本当に怒る必要があったのかを考えたことがあるでしょうか。

私も子育てをしてて、怒ることはたくさんありました。これからもあると思います。

胸を張ることではありませんが、確実にあります。

でも、子どもを怒った後、そのことを振り返った時に残るのは、後悔や寂しいという気持ちだけです。

ならば、怒らなければよいのでは……。

そうなんです。結局、怒ったところで何になるという心境にたどり着いてしまいます。

考えてみれば、怒るのは自分です。誰かに怒れと言われて怒るのではありません。

自分で怒ると決めているのです。

怒るも、怒らないも自分しだいなら、怒らないと決めればよいだけのことです。

そうだよ。考えたら当たり前のことじゃないか。

そうですが、そう簡単にはいきませんよね。今は、「そうだ、そうだ」と思っても、実際にそんな状況になったら、カチーンときちゃいますから。

なので、そうなっていない今のうちに怒らないと決めてしまいましょう。そして家族に宣言してしまえばよいのです。そうすると、怒りそうになった時は「約束は守る」「嘘はついちゃダメ」という、重たい言葉を家族が言ってくれるはずです。

「約束は破っていいの？」「子どもに嘘はついていいの？」というささやきが、頭の中から聞こえてくるはずです。そうして、怒らないという意識を強く持つことができれば、怒る回数が減ってきますし、回数が減ってくれば、そのうち怒りの発作自体がなくなります。

怒らずに対応したことの効果を実感できたら、自然と怒ることが減っていくのではないでしょうか。

怒っても五分、笑っても五分。

なら、笑った五分の方がよいと思いませんか。

その時々で言うことを変えていないか

「お母さん（お父さん）ずるい。言ってることが違う」

「しょうがないでしょう。大人には大人の事情があるんだから」

この「大人の事情」って便利な言葉ですよね。私も何回悪用したことか。でもこの言葉、子どもを力でねじ伏せているような感じですよね。

そのくせ、子どもがそうなった時は、「言ってることが違うよね。どっちが本当なの」と言うことでしょう。

この時、子どもには子どもの事情があるという言葉は通じません。もし、そんなことを言ってしまったら、さらに怒られるからです。そういう意味では、子どもは賢いですね。自分を守る術をちゃんと知っています。

この状況では、悪いのは完全に大人ですよね。弁解の余地はありません。もし、主張を変えるなら、きちんと説明して子どもを納得させなければなりません。

それも、幼児がわかるようにです。

そうやってきちんと向き合っていれば、子どもも言うことをコロコロと変えたりはしないでしょう。子どもは育った環境によって変わるのです。

しかし、どうしても言うことを変えないといけない時があります。その時は、きちんと説明をして納得をさせることが必要です。大人の勝手な論理を、子どもに押し付けてはいけません。ですから、その時はごまかせても、何度も繰り返していると、「どうしてお母さん（お父さん）はよくて、私はダメなの」という質問が必ず返ってきます。

大人の都合によって、その場しのぎをしていると、その後の子育てに大きく影響が出るでしょう。

子育てに一番大切な「信頼関係」を失ってしまいます。もし、この「信頼関係」が揺らぐと、再構築するのにかなりの時間と労力を要します。

後から、こうすればよかったと後悔したくないのなら、その場できちんと説明して、納得させることが大切です。

「言ったことは守る」「守れない約束はしない」という、ごく当たり前のことを心がけておけば、この問題は回避できます。

私の子育ての場合ですが、子どもが成長した時に、あえてふだんの主張とは矛盾した行動をとりました。世の中に出ると、「自分の思うようになることの方が少ない」「理不尽は日常茶飯事である」と教えるためです。しかし、皆さんのお子さまは、まだその年齢ではありません。基本で充分です。

言葉は心に届けるもの

言葉には、学ぶべき時期と使うべき時期がそれぞれにあります。

子どもの「言葉」が、おかしくなってきていると言われて久しいですよね。

例えば、テレビ番組。テレビは、年齢に合わせて言葉を使い分けてはくれません。保護者ができることは、見せてよいかどうかの判断をするくらいです。

しかし、保護者の方が見たいからと、お子さまもいっしょに見れば、修得するには早い言葉まで覚えてしまいます。そして、その言葉を日常生活で使用するようになります。

そうなったら、修正は難しいでしょう。

ゲームをしている時に、「(キャラクターが)死んだ」という言葉を多用していませんか。こうした言葉を使っていると、子どもは日常生活でも、当たり前に使うようになります。

当然、友だちに対しても、平気で「死んじゃえ」と口走ってしまいます。こうした行動を軽く考えてはいけません。人に対して「死ね」と言うことは、命の重みを理解していない表れなのです。

また、その言葉によって傷つく人がいるということが、想像できないのです。

もしかしたら、身近な人やペットが亡くなり、傷ついている人がいるかもしれません。

そのような人に「死んじゃえ」という言葉はどうでしょう。

言葉を発した側は、「ごめんなさい」と言えば終わりかもしれませんが、相手の心は、元には戻りません。傷ついた心を引きずってしまうはずです。

私は、「言葉は刃物である」と言われて育ちました。それは、「書いた言葉は消すことができるが、心に傷をつけたらすぐには消せない」という意味です。私が子育てをしている時も、その言葉を常に意識してきました。

ほかの人の心に言葉を届けるのであれば、素敵な言葉を届けたいと思いませんか。うれしい言葉やワクワクする言葉をたくさん届けましょう。

そんな保護者の姿を見ていれば、子どもは先程の「死んじゃえ」というような言葉からは自然と距離を置くと思います。

言葉に対する感性を磨いてあげてましょう。大人になった時、素敵な言葉を使えたらよいとは思いませんか。

子どもが言葉に接することの大切さを、もう一度考えてみましょう。

子どもを抱きしめる

皆さん、最近、我が子を抱きしめましたか。

赤ちゃんの時は、たくさん抱きしめていましたよね。そして気が付いたら、最近は、あまり抱きしめていないのではありませんか。

もう、お兄ちゃん、お姉ちゃんになったからね、と思っているのは保護者だけで、子どもは、まだまだ抱っこしてほしいのかもしれません。

いろいろ悪戯をする男の子も、しっかりしているように見える女の子も、「嫌だ」「恥ずかしい」と言いながらも、抱きしめられるとうれしいのです。だから、抱きしめられた後は、気持ちが落ち着いていると思います。その様子を見れば、何でこの子を怒るんだろうと考えてしまうのではないでしょうか。

おそらく、怒って言うことを聞かせた経験が、そうさせているのでしょう。

あるいは、子どもが悪いことをしているからと思う気持ちが半分、もう半分は自分が悪く見られたくないために怒っているのではありませんか。外出している時などは、特に見栄を張りがちになります。

ですが、その考え方は逆です、外だからこそもっと抱きしめてあげましょう。

子どもが外でふざけるのは、「(外にいるのに) 飽きた」「疲れた」「ほかにしたいことがある」「行きたい場所がある」などです。

そんな状態の時に、言葉で強く言ってもあまり効果はありません。強く言って効果があるのは最初だけです。繰り返しているうちに、言われることに慣れてしまい、段々と言うことを聞かなくなります。語気を強めていくのは逆効果なのです。

抱きしめる行為が生活の中にあり、安心感が得られるとわかっていれば、外でも抱きしめ、耳元で、「お兄ちゃん（お姉ちゃん）だからわかってくれるよね」と優しくささやいてあげれば、言うことを聞いてくれると思います。

人に見られているのが恥ずかしいと思っているのなら、自分がどう見られているのかより、子どもの今の気持ちを優先に考えてあげましょう。

恥ずかしがらなくても大丈夫です。そうした光景は、周りから見ると微笑ましく感じられるものです。

抱きしめた後、行動が変化したら、たくさん褒めてあげてください。怒っていたことは、褒めることに変えることができるのです。

お友だちと我が子を比較している

子育てをしていると、どうしても友だちと我が子を比較してしまう。比較すると、我が子の足りないところばかりに目がいってしまう。そんな自分に、へこんだり、イライラしたりして、マイナスのオーラでいっぱいになってしまうことはありませんか。どうしても、隣の芝は青く見えてしまうものです。

「ほかの子はできるのに、どうしてうちの子はできないの」など、比較すると、すべてがマイナスの結果ばかりになりませんか。

うちの子の方が勝っているという方には、あまりお会いしたことがありません。ほかの子どもと自分の子どもを比較をした時、ほとんどの場合、我が子の劣っている点が目についてしまいます。そんなことをして何か得られますか。得られないでしょう。つまり、そんなことをしても無駄なのです。

比較する時間があるなら、お子さまのよいところやがんばっているところを見つける時間にあてませんか。その方がポジティブになれますし、保護者の方もお子さまも自信を持てるようになるのではないでしょうか。

では、比較することすべてがダメなのでしょうか。そうではありません。どうしても比較してしまうという方は、比較してください。

ただし、比較の対象が違います。

どうしても不安で比較をしてしまうという時は、過去の我が子と比較してください。お子さまはものすごい勢いで成長しています。ですから、過去のお子さまと比較すると、現在のお子さまは、すべてにおいて成長しています。

そのような結果を見たら、モチベーションが上がりませんか？　それだけではなく、こんなこともできるようになったとか、苦手を克服したとか、新たな発見や再認識もできると思います。そうした比較は、ポジティブな気持ちにもつながりますし、何よりも自信が付くのではないでしょうか。

そして、比較して気が付いたこと、成長したことをノートに書き留めておきましょう。書き出す時、整理番号を振るとさらによいと思います。続けていけば、番号が増え、お子さまの成長が実感できるようになります。

こうした相乗効果が得られるので、よいことづくめです。

さあ、これから過去のお子さんと現在のお子さんを比較してみましょう。いくつ見つかるか楽しみですね。

お遊戯会、生活発表会で役柄に不満を言ってないか

幼稚園や保育園を取材していると、保護者に対する不満や愚痴を聞くことが多いのですが、お遊戯会や生活発表会での配役に関することをよく耳にするようになりました。せっかくのお遊戯会や生活発表会ですから、主役を演じて、目立ってほしいと思う親心もわかります。

しかし、もう一度、考えてください。すべての行事は主役だけで成り立ちますか。主役だけの演劇を見たことがあるでしょうか。

主役は、ほかの演者がいてはじめて主役を演じられます。主役が光って見えるのはほかの演者あってのものです。

劇はすべての人が力を合わせて、はじめて素敵な舞台が完成します。幼稚園や保育園での発表会は、そのクラスの集大成です。

そこに保護者が口を挟む余地はありません。保護者が入り込んではいけないのです。演じたかった役があるかもしれませんが、お子さまが演じることができなかった場合、保護者の方はどう声をかけますか。

保護者がすべきことは、与えられた役柄に使命感を持たせてあげることです。脇

役の大切さを教えてあげることと言ってもよいでしょう。

お子さまの前で役柄に対する不満を言っては絶対にいけません。これから一生懸命練習してみんなの前で発表します。一番見てほしい、賞賛してほしい保護者の方が演じる前に文句を言っていたら、お子さまがどう思うかを考えてください。

保護者の方が申し入れをして役柄を変えることができたとしても、お子さまはおかしいと感じてしまうでしょう。そう感じた後に、お子さまは心から喜んで演じることができるでしょうか。日々の生活において、お友だちと心から楽しいと感じて遊ぶことができるでしょうか。

保護者なのですから、そうしたことまで配慮すべきだと思います。

与えられた役柄に、保護者の方自身が喜びを感じて、「すごい役だね」と満面の笑みで伝えてあげれば、お子さまの役は、我が家では主役に変わるはずです。

発表会に限らず、お子さまの行うことに意味と意義を与えてあげられるのは、保護者の方にしかできないことなのです。

子ども優先はどこまで

子どものためと言いつつ、何でも子ども優先にしていると、どうなってしまうのか考えたことはありますか。

自分のことを優先してしてもらったら、その時はとてもうれしいでしょう。ただ、優先され続けていると、優先してもらうことが当たり前と考えるようになってしまいます。それが普通になってしまうと、今後は、優先してもらえないことが不満の原因になります。

では、子どもを優先させることは、いけないことなのでしょうか。

その内容しだいです。

常に自分が最初にしてもらうことで、周りの状況に関係なく、何でも自分が先にしなければ満足しなくなってしまいます。

子どもを優先することは、保護者の優しさなのですが、子どもには、まだその気持ちを察する力はありません。それを求めるのは無理というものです。

何を優先するにしてもきちんとした説明が必要になります。ただ、お子さまにそうした事情を説明しても、一度や二度で理解できるようになるとは思わないでください。

子どもですから、その時はわかったつもりでも、すぐに忘れてしまいます。何度も何度も繰り返し説明することで、少しずつ理解していくのです。

例えば、家族みんなで食事をする時、ごはんをよそったり、取り分けたりする順番はどうしていますか。その説明と意識付けはできているでしょうか。子どもが保護者配膳する時、「どうぞ召し上がれ、毎日ありがとうございます」という感謝の心を持って行えているでしょうか。単なる行為としてだけでなく、同時に心を育てていくことで、一つひとつの行為が意味のある行動に変化します。

小さいこと、古い考え、と言う方もいるでしょうが、大人になってからこうしたことを身に付けろと言われても、その機会はなかなかありませんし、誰が教えてくれるでしょう。

上司や年上の人と食事に行った時、我が子が自分の分だけを先に取って食べていたら、恥ずかしくなりませんか。いつも一番に取っていたくせが出たと言い訳をしても始まりませんよね。

子どもを優先させることは否定しませんが、時と場所をよくわきまえて行うようにしましょう。

待つこと

前項で、子どもの食事について書きましたが、食事時の子どもなら、誰もが自分を優先してもらいたいと考えます。

しかし、配膳の順番によっては、少しのことですが待つこともあるでしょう。おなかが空いた状態で、美味しいものが目の前にあるのです。子どもにとっては大変なことです。

待つことも躾の中では大切なことの一つです。

最近は待つことができない子どもをよく見かけます。食事に限らず、待つことは自分との戦いです。欲しいもの、やりたいことが目の前にありながら、我慢をしなければなりません。

ただし、ただ待ちなさいと言われている子どもと、どうして待たなければならないのかを理解している子どもとでは、待っている時の心理状態が違います。

先程の食事に関しても、ただ待つのであれば、欲求が満たされないことのみに意識が集中し、反発してしまいますが、待つ理由をしっかりと理解していれば、待つことでほかの人の心が温かくなることを実感できると思います。

少し待つことで、家族いっしょに楽しく食事が始められます。ですから、待つことが苦ではなく、待った後によい雰囲気になるのを楽しみにできます。

この二つの違いを、大人になるまでの我慢の回数で考えると、大きな差になります。ですから、お子さまに、待つことの大切さを教えるのですが、同時に、待つことの楽しみも教えてあげてください。

子どもの心の成長は、こうした繰り返しの中で見られます。

子どもに対して、指示をして従わせる躾を行うのではなく、同時に意味と意義を教えるようにしてはいかがでしょう。その点を理解していれば、人にも優しく接することができます。

保護者の方に向けた文章のため、堅苦しい言い回しになってしまいましたが、保護者の方が内容を理解した上で、お子さまに伝えてあげてください。

待たせるのではなく、待つことで得られる楽しみの時間を有意義に過ごしていきましょう。

子どもは嘘をつく

子どもは自分を守るために嘘をつきます。皆さんも子どもの頃に経験があると思います。ここで言いたいのは、嘘をつくことのよし悪しではなく、それを受け止める側がどうあるべきかということです。

実際に、子育てをしていると、数多くの子どもの嘘に気が付きますが、それをいちいち指摘していては子どもがビクビクして、口を閉ざすようになってしまいます。

子どもが嘘をついているのがわかっているのですから、保護者がそれに合わせた対応をすることが求められます。

例えば、学校などでは子ども同士のトラブルはよく起きますし、問題が起きるのが普通です。性格も価値観も育ってきた環境も違うのですから、意見の衝突は起きます。時にはヒートアップしてケンカに発展することもあります。

こうしたトラブルを自分で解決することも教育の一つです。こうした経験から、自分の言動を振り返り、相手のことを考え、相手を許す心を持つということを覚えていくのです。こうした時、呼ばれてもいないのに保護者が出てきてしまうケースが増えています。

その時、子どもに嘘をつかれた保護者は、うちの子は悪くないと一方的に話すだけで、聞く耳を持ちません。

保護者に怒られないように、「自分は悪くない」と、嘘をつく子ども。そして、「うちの子どもは素直でよい子」「嘘をつかない正直者」と、かたくなに信じている保護者が出てくるという状況です。

保護者は、子どもが口走ったことが事実なのか、自分を守るための嘘なのかを判断する前に、結論を出してしまいます。

私も、小さな頃には、数々の嘘をついて叱られました。そして、次はばれない嘘をとがんばりましたが、そのたびに見破られました。

その頃は、「親はすごい」「何でも見抜くんだ」「どうしてわかるんだ」と首をかしげていましたが、親になってみると、子どもの嘘はわかるものです。

そうした経験を繰り返していくうちに、嘘をついてもしょうがない、正直に言った方がましだと思うようになり、嘘をつくことをやめました。ただし、子どもがそう思うには、ものすごい勇気が必要です。

保護者として、子どもが嘘をついた時に、見抜く力と対応力を身に付けましょう。そして、子どもが素直に言い出せる温かな環境を作りましょう。

子どもの言うことを鵜呑みにしないために

「親が子どもの言うことを信じないで誰が信じる」

「うちの子が嘘つきだというのですか」

そんなお叱りが聞こえてきそうです。では、子どもが間違えたことを言っているとわかっていても、そう言うのでしょうか。

子どもには、「嘘をついてはいけない」と教えているのに、保護者の嘘に嘘を重ねるような行動を見て、子どもはどう思うでしょう。

先程、「子どもは嘘をつく」という話をしましたが、子どもが自己防衛のために嘘をつくのは当然のことです。よい悪いという基準はなく、成長過程の一つです。

それなのに、心のどこかに、嘘をつく子どもの保護者だと周りから見られることが嫌、恥ずかしいと言う気持ちを持っていませんか。

子育てにおいて、子どもの成長よりも優先すべき大切なことはないのです。

自分のことよりも、子どものことを優先するのが保護者のはずです。

子どもを一番身近で見ているのですから、嘘をつくことも含めて、一番の理解者になってあげましょう。保護者として、自分の考えを優先させることも大切ですが、時には、子どもに寄り添ってゆっくりと、優しい気持ちで話し合ってみてはいかがでしょう。

まずは、少し離れたところから子どもを見つめ、子どもが抱えているネガティブな気持ちに寄り添ってあげてください。子どもの心の底に抱えている、気まずい思いを吐き出させるのです。

子どもが安心感を得られたなら、悪いことをしてもきちんと話せるようになります。子どもが嘘をつくのは、保護者の方が作り上げている、「正直に言えない環境」が原因なのです。

子どもに何か起きれば、保護者も動揺するものです。そして、保護者が動揺すれば、さらに子どもは不安になります。

何かあった時に冷静に判断する自信がない？

大丈夫です。まずは子どもを優しく抱きしめてあげてください。その温かな環境がお子さまを救いますし、その時間は保護者も落ち着かせてくれるはずです。

そうすれば、子どもの話を鵜呑みにすることは防止できるでしょう。

習慣化させるには

「どうやったら習慣化できるか悩んでいます」「なかなか習慣化できずに困っています」と質問をされた時、「習慣化できない一番の原因は何だと思いますか」と、逆に質問を返します。

それは、答えがわかっている質問だからです。多くの方は不安を打ち消すために質問をしているにすぎません。だから、相手に答えを言わせることで、自信を付けさせてあげたいと思っています。

質問に対する答えを聞いて納得するより、そうではないかと思うことを言葉にする方が物事が整理されるのです。

こうした時に、よく話す二つのポイントを紹介します。

まず、習慣化は、子どもが小さい時に始めることです。

ある程度、自己が確立し、考えが固まってから何かを習慣化させようと思っても、ほかにやりたいことがあり、すんなりと従いません。仮にその時は従っても、次につながりにくいのです。ですから、まだ考えが確立していないうちに、「お手伝いをすることが当たり前」という環境にすることで、抵抗も少なく、受け入れやすくなるでしよう。今の生活を少し工夫して、「○○するのが当たり前」を生活習慣の中に少しずつ取り入れてみてください。

そして、もう一つのポイントは「継続」です。「習慣」は習い慣れると書きます。「継続」は「習慣」を修得するためには必要不可欠な要素といえます。

しかし、なかなかそれはできないことです。当たり前のことですが、習慣化できないのは、習慣化するまで続けていないからです。

子どもによい習慣を付けようとして、失敗した時のことを思い出してください。継続を促す言葉がけを途中でやめてしまったり、徹底できていなかったりしませんでしたか。そのように、「継続」が徹底できなかったことが、失敗の原因になっているのです。複雑に考えるよりも、「継続」が目標なら、それ以外のことには目を瞑るなど、やるべきことをシンプルにした方が成功します。

ただ、「習慣」はすぐには身に付きません。身に付ける時間と回数、そして指導する側の根気が必要です。

結局、「習慣は、習慣化するまで続ける」ということしかありません。

習慣化できない原因は、意外とシンプルなのです。

あいさつはできているか

あいさつ、返事は基本中の基本。しかし、この基本ができていない子どもが増えています。しかも、あいさつや返事ができていないにも関わらず、隣にいる保護者はやり直しをさせることなく、「次はしっかりしましょう」などと言って通り過ぎていきます。

そもそも、あいさつは誰にするものでしょう。

どうやってするのでしょう。

保護者は、そのような基本をしっかりと教えているでしょうか。

朝だから「おはようございます」とだけ教えているのではありませんか。

あいさつは、目下の者が目上の者に対して先にするのが基本です。ですから、目上の人から先にあいさつをされること自体、実は失礼なことにあたります。同時に、お辞儀の仕方も求められます。首だけを曲げる行為を、お辞儀と呼べるでしょうか。ビジネスでの名刺交換も同様です。下の者からあいさつをし、しっかりと腰からお辞儀をすることが礼儀とされています。

ここまできちんと教えているでしょうか。あいさつの意味がわかっていないから、あいさつができないのです。

また、あいさつはできても声が小さい子どもが増えています。ボソボソとあいさつをしても、相手に声が届かなければあいさつをしているとは言えません。相手に届く声であいさつをするというのは基本中の基本です。あいさつに限らず、マナーやルールの基本を知っていれば、応用がききますが、基礎を知らなければ、まともなあいさつができるはずがありません。

例えば、皆さんは同じ人に何度も同じあいさつをしますか。

一度声に出してあいさつをしたら、次に会うときは黙礼をすると思います。しかし、あいさつについてきちんと教えられていない子どもは、同じあいさつを、同じ人に、会うたびにしてしまうのです。

同じことが小学校受験の面接でも起きています。入室時に保護者が、「よろしくお願いします」とあいさつをして入室しますが、その後も部屋の中で、「よろしくお願いします」、そして席に着いた時にも、「よろしくお願いします」と言います。大人でも、面接を受けるまでに三回も同じあいさつをするのです。面接の基本は、「失礼のないように振る舞う」ことなので、ていねいなつもりで同じあいさつを繰り返すことは、結果的に慇懃無礼になりかねません。

あいさつも結構難しいというお話でした。

返事はできているか

まず、「はい」という一言が出てこない子どもが多い。返事をしたとしても、蚊の鳴くような小さな声で「はい」と言うだけ。

何のために返事をしているのでしょうか。呼ばれた人の所在を確認するために返事をするのです。ですから、相手に自分がいることが伝わらなければ、返事にはなりません。

そのほかにも、問われていることが理解できていないのか、メチャクチャな返事をする子どもがいます。

「何を作ったのですか」と聞かれたら、「〇〇を作りました」と答えるのが一般的です。しかし、自分が作ったもので遊んだことがあると、「これで、〇〇君と遊んだんです」という聞かれたこととは関係ない回答をする子どもがいます。聞かれていることに答えるのではなく、言いたいことを言っているだけなのです。

また、最近目立つのは、わからない時に「わかりません」、よく聞こえなかった時に「もう一度お願いします」が言えない子どもです。

そうした子どもは、どうするかというと……。

沈黙です。黙って、相手が何かを言ってくれるのをじっと待っているのです、黙っていると、そのうち保護者がしゃべり始めます。どうして聞かれた人と違う人が答えるのでしょう。こうした行動をおかしいと思わないのでしょうか。

子どもが笑顔で、元気よくあいさつをしたり返事をしたりする光景は、見ていて気持ちのよいものです。

その時に保護者が、「あいさつをされた人、すごい笑顔になったね」など、相手の気持ちの変化を伝えてあげることで、子どもも自分のしたことの意味がわかるようになります。

子どもにそこまで……、という方、実際にそこまでできなくてもよいと思います。

ただ、知っているのと知らないのとでは、成長したときに差が出ます。

形から入ることも大切ですが、ただ、形だけ教えればよいというものではありません。

ある程度できたら、意味や意義など、根幹となること、そして関連することなどを教えてあげてください。

興味関心を引くために、保護者の名刺を使用してみるのも一案だと思います。大人になった気持ちにもなれますし、ちょっと背伸びをしたあいさつをさせてみることもよい経験です。その時に、子どもの名刺を手作りしてもよいと思います。

自分のことは自分でさせているか

子どもに自分のことは自分でさせているかと聞かれた時、胸を張って「はい」と答えることができるでしょうか。これってごく普通のことなのですが、させていない保護者の方が多いと思います。

小学校の入学試験を大別すると、二つのチェックポイントがあります。

・授業を受け理解する基礎学力が付いているか。

・学校生活を送るのに支障がないか。

後者には、自分のことが自分でできるかが含まれます。子どもは、七歳になる年の春に小学校に入学します。ですから、受験云々は関係なく、小学校に入学するすべての子どもに当てはまるチェックポイントでもあります。

ちょっと厳しいですが、ここでチェックを受ける子どもについては、子ども自身の問題というよりも、そのような育て方をした保護者に問題があると思います。

例えば、自分のことを自分でさせるためには、保護者の我慢が求められます。しかし、子どもが取りかかるまでにしびれを切らして、保護者が代わりにしてしまうことが多いのではないでしょうか。

遅刻するからといって、幼稚園や保育園の用意を保護者がしていませんか。そのような時、黙って見守ることも大切です。

実は私も幼稚園児の頃は、なかなか自分で準備をしない子どもでしたが、ある時を境に自分でするようになりました。それは今でもはっきりと覚えています。幼稚園年中のある日、準備をせずにグズグズしていたら、園バスが行ってしまったのです。私は休めると思っていたところ、母は、「休むことは許しません」と言って、幼稚園まで徒歩で行かせました。

もちろん、母もついてきましたが、危険なこと以外は口を出しませんでした。ですから、ようやく幼稚園にたどり着いた時にはお弁当の時間だったのです。

この時のことは、恥ずかしい、足が痛い、辛いしか印象に残っていません。それからは、自分のことは自分でするようになりました。

親になって思うことは、その時の母は、よく我慢したと思います。失敗を恐れず、あえて失敗をさせることで、改善していく方法をとったのです。

後は、子どもが失敗をした時に受け止める度量を持つことです。自分がではなく、子どものためにという考えを思い出してください。

脱いだものでわかる子どもの配慮

洗濯物をたたむお手伝いは、多くの方が取り組んでいると思いますが、自分が脱いだものについてはどこまで意識し、実践させているでしょう。おそらく、そういった点までしっかりと意識付けを行っている家庭は少ないのではないでしょうか。

習慣というのは恐ろしく、思わぬところでふだんの状況が出てしまいます。何気ない行為の中に日常の様子が表れてしまうのです。

脱いだものをどう扱うかについては、さまざまな「配慮」をともなうので、それができていないということは、ほかのこともできていない可能性が高いと言わざるを得ません。

一言で言えば、だらしないのです。

この「配慮」は、人と関わっていく上において、切り離すことができない大切なものです。「自己中」とか「空気が読めない」とよく言いますが、「配慮不足」が大きく影響しています。

そしてもう一つ、価値観の問題です。脱ぎ捨ててある洋服は、誰が購入したものでしょう。洋服を買ったお金は、誰が働いて得たものですか。お金は黙って増えるわけではありません。保護者が一生懸命働いたお陰で得たものです。

そうした大切なことを忘れ、お子さまは買ってもらって当たり前になっていませんか。そのような考えでいるのであれば、買ってもらったものを大切にするわけがありません。だめになったら新しいものを買い直してもらえばよいと考えているでしょう。

その場合の対策として、労働で得るお金の大切さを教えるのも一案です。自分でお手伝いをし、報酬（ポイント）を得る。そして貯まったら欲しいものを購入してもらえる制度を作ってみてはいかがでしょう。

自分がお手伝いをして、やっと手に入れたものを粗末には扱うことはないでしょう。こうした経験をすることで、ものを大切にする意識が生まれ、洋服に限らず、身の周りのものを大切にする心も育まれていきます。

もちろん、相手は幼児です。ですから年齢に合ったレベルがあります。ポイントはお手伝いをした回数分、表に印をつけていくなど、アレンジをすることです。

服が脱ぎっぱなしになっていたら

前項でも触れましたが、今回も脱いだものについての話です。

もし、お子さまの服が脱ぎっぱなしになっていたらどうしますか。

多くの方は、「服は脱ぎっぱなしにしない。片付けなさい」と大きな雷を落とすでしょう。最初のうちは優しい声で軽く注意をするでしょうが、それでは一向に動く気配がない。そして保護者の感情が高まってきて、最後にドカーンと雷が落ちる。よくあるストーリーです。

一方で、我が子には、日常生活の何気ないことにも「配慮」できる素敵な人になってほしいと願っていることでしょう。

配慮できる人になるためには、幼い頃に基本的なことを身に付けることが肝心です。成長にともない、そのベースに配慮の幅と深さが備わります。

洗濯物を例にしますが、仕事から帰ってきた人が部屋に入ってきた時に、服がそのまま散らかっていたらどう思うでしょう。決して気分がよいとは言えませんよね。

保護者の方の気分はともかく、脱ぎっぱなしになっている状況を、お子さまが何とも思わないことは問題です。無頓着なのは、脱ぎっぱなしの服に関してだけではないでしょう。お子さまのだらしなさの一端が、脱ぎっぱなしという行為に表れたにすぎません。

お子さまに指導する時は、服の片付けの問題として終わらせるのではなく、その根本にあるものを改めなければなりません。

子どもは物事を考える時、自分を主体にします。なかなか相手の立場に立って考えることができません。それは、体験が少ないからです。経験が少ないということは、そのベースになるものが少ないということなのです。

ですから、子どもはどうしても自分の視点で偏った見方をしてしまいます。そのような時は、一度、逆の立場を経験をさせてみましょう。

お掃除のお手伝いをしたすぐ後に、いろいろなものを散らかしてみてください。子どもは嫌な気持ちになると思います。

子どもが嫌な気持ちになった時、先程の服が脱ぎっぱなしになっていた時のことを話します。そうすることで、自分の行為によって、ほかの人がどのような気持ちになったのかがわかるようになるのです。

お手伝いは家族全員が使うところを担当させる

お手伝いをさせた方がよいと言いますが、どんなお手伝いをさせたらよいのかわからないという方がいます。

悩んだ時は、「家族全員が使うところを担当させる」ようにしましょう。自分だけが使用する場所を担当させると、やらなくても家族に迷惑がかからないので、長続きしない原因にもなってしまいます。

しかし、家族全員が使用するところを任せると、ほかの家族の目が光ります。そのことが継続する理由にもなりますし、家族の一員であるという責任感を育むことにもつながります。つまり、お手伝いは、強引に継続させようとするのではなく、継続せざる得ない状況を作って取り組ませた方が長続きします。

おすすめは、玄関掃除、床拭き、トイレ掃除、お風呂場掃除などです。

また、掃除をさせると、ここができていない、あそこをやっていないということが起きると思います。わかっているなら、怒らなくていいように、あらかじめ指導しておきましょう。

その時、いきなり掃除をさせるのではなく、まず、掃除の手順を教えます。掃除の基本となる、「上から下」「ものをどかして」「見えないところもきれいにする」など、やり方とポイントを教えてください。

最初にすべての手順の意味を理解させるのは難しいと思います。ですから、まずはお子さまが掃除をする様子を見ていてあげましょう。

そして、慣れてきたら、「どうしてこうするかわかる？」と質問してみてください。その時にどうしてこうするのかを教えてあげると、自分のしていることの意味がわかります。

また、お手伝いを長続きさせるには、本人の前でよくできていることを褒めることです。より効果的な方法は、近くに子どもがいるのに気が付かないふりをして、わざと子どもに聞こえるように褒めることです。

「最近、トイレがすごくきれいだね」「実は、あの子がしているのよ」「えっ、そうなの？　すごいな。そういうこともきちんとできるのか」という具合にです。

どうです、子どもの自尊心がくすぐられると思いませんか。

この褒め方、いろいろなことに活用できるのでお試しください。

口を出すのではなく、見守る

子どもがもたついていると「早くしなさい」、できないと「どうしてできないの。この間はできたでしょう」などと言ってしまうことがありますよね。

でも、どうして言ってしまうのでしょう。

促しているつもりでも、この時はイライラした感情をぶつけているにすぎません。

そもそも、子どもは大人が思っているように動いてはくれません。皆さんだって幼い頃はそうだったはずです。それが自然な子どもの姿です。

保護者として、子どものためを思ってアドバイスしているつもりでも、子どもが成長する機会を奪っていることもあります。

「どうしてできなかったのだろう」「どうすればよかったのかな」と言葉をかけることで、反省を促すと同時に、解決策を自分で考えるようになります。

この「考える」行為が、今の子どもには足りないと言われています。

できないと、すぐにあきらめてしまう。

できないと言えば、保護者がやってくれることを経験から学んでいるのです。

ですから、たまには何も言わず、ただじっと見守っていると、子どもは「?.」です。「いつまで経ってもしてくれない」「どうなっているんだ」という疑問から始まり、「自分でやらないといけないんだ」という意識が生まれるかもしれません。

そして、時間の使い方も覚えていくでしょう。

ダラダラした行動が、自分の楽しみの時間を奪っていくことを学べば、次の機会に、「また、楽しい時間が減っちゃうよ」と、言葉をかけるだけで子どもは「ハッ」と気付くのです。

見守ることは、子どもにとって多くの気付きを促すことにつながっていきます。

「急がば回れ」ということわざがありますが、見守っていた方が、結果的に多くのことを経験させることができます。その経験の一つひとつが、次への気付きにつながっていきます。

保護者の皆さん、イライラせず、子どもの失敗、取り組み、工夫を楽しんで見守れるようにしましょう。

ほかの人の子どもは温かな目で見守ることができますよね。

その時と同じように、我が子を見守ってあげてください。

時間を意識した生活をしているか

先の項目で、「気付き」を促そうという話をしましたが、その「気付き」をさらに高めていくのが、この時間を意識した生活を送ることです。言い換えると一日のスケジュールを意識した生活と言えるでしょう。

例えば、「幼稚園（保育園）に行く時間よ」と言わなくても、時計を見て、何をしなければならないのかを理解しなければなりません。

時計を見て何をすべきかがわからなければ、生活習慣は身に付きません。

家の中のいろいろな場所に時計を置いて、時間を意識した生活を送れるようにしましょう。デジタル時計ではだめです。短針と長針があるアナログ時計にしてください。

これは、時間を視覚でとらえるためです。針があることで時間をイメージしやすくなります。

よく、テレビ番組で子どもに時間を意識させている家庭がありますが、私はあまりおすすめしません。

最初のうちはよいかもしれませんが、それは時間を意識することにはなっていません。単に番組が終わったから、「○時だ」という条件反射でしかないのです。

時計を見る生活を送ることで、時間を意識するようになります。「針があそこまで来たら○○をする」という認識を自分で持ち、針が動くことで、後どれぐらいだという心の準備をするのです。

「気付き」から「意識付け」へのステップアップになります。

その後のステップとして、

・保護者が出かける時間を子どもに任せる

・複数のことをまとめて指示し、連続して時間を意識させるようにする

といったことをすれば、さらに子どもは時間を意識するようになるでしょう。

時間に対する意識は、集中力のアップにもつながっていきます。

子どもの成長は、このように一つの意識がさまざまな学びにつながっていきます。

まずは、保護者の方の意識を変えることから始めてみましょう。

忘れものをしない

最近、忘れものをする子どもが多いという話をよく耳にします。

忘れものの原因の一つに、保護者の方が配布物を読まないことに起因するものがあります。これは忘れものをした子どもたちも困ります。

やはり、配布物は最後まできちんと読む習慣を付けてください。保護者は、忘れたら幼稚園や保育園で借りればいいと軽く考えているでしょうが、実際に忘れものをした子どもの心理的負担は意外と大きなものです。そういう影響を考えたことはあるでしょうか。

また、配布物をよく読まない保護者に限って、幼稚園や保育園、学校にすぐ問い合わせをします。読まずに聞けばいいだろうと安易に考えているのだと思いますが、それを見ている子どもも、人の話を聞かなくなります。

そのように育てたいと思っていますか。

もう一つは、子ども自身がしっかりと覚えていないことです。

・人の話をしっかりと聞いていない。

・忘れてしまう。

という二つの理由が考えられます。

子どもが原因の場合でも、対処はしなければなりません。

また、忘れものをすることに慣れてしまうことは、絶対に避けなければなりません。慣れてしまうと、「言われたことを覚えなくてもいい」「何とかなる」と考えるようになってしまい、いろいろなことがルーズになります。

この場合の解決策の一つは、緊張感を持たせることです。ただし、強く言えばよいということではありません。それでは、言われたからしたということにすぎず、考え方が改まったとは言えません。

また、集団で何かをするときに自分が忘れものをすることで、周りの人にどれだけ迷惑がかかるのかを教えることも大切です。最近は、自分さえよければいいという考えの人が増えています。お子さまがそうならないためにも、周囲の人への影響を考えることは大切になります。

姿勢が悪くても注意しない

お子さまの行動において、黙認してよいことと、注意しなければならないことがありますが、姿勢が悪いことは注意しなければならないことです。

と言うのも、姿勢が悪いことは、相手がどう感じるかということよりも、子ども自身の健康に影響を及ぼすからです。

また、姿勢が悪いことは、その人自身の印象も悪くします。

ですから、姿勢が悪いことでよいことは何もありません。よいことがないのに、注意をしないのはどうしてでしょう。

私の子どもも姿勢が悪く、食事の時に背もたれに寄りかかって食べていることがありました。それは、いくら言っても直りませんでした。そのうち、指摘をする妻の方が疲れてイライラし、いきなり怒り出すというサイクルに陥ってしまいました。

「寄りかかって食べない。何度言えばわかるの」

と怒っていましたが、この怒りの言葉の中に解決のヒントがありました。

「寄りかかって」ということは寄りかかるものがある。なら、寄りかかるものがなければどうなるのかと、シンプルに考えました。

そして、翌日から子どもの椅子は丸椅子へと変わったのです。

丸椅子なら寄りかかることはできません。寄りかかったら、そのまま後ろに倒れてしまいますからね。

しばらくの間、丸椅子で食事をとらせました。その後、今までの背もたれのある椅子に戻したのですが、寄りかかろうとすると、背もたれの間の隙間から、指を差し込んで背中を強く刺激しました。そして、「やっぱり、丸椅子の方がいいか」と言うと、姿勢はすぐに直りました。

また、背もたれに寄りかからないように、食事の時は、椅子に浅く腰かけさせました。

ここでは、姿勢の悪い子どもについて触れましたが、それを注意しない保護者はもっと大きな問題です。

子どもの姿勢が悪くても気にならない。気が付かないということは、子どもに、目や意識が行き届いていないということでもあります。

これは、子育てをする上で大きな問題です。姿勢だけではありません。子どもはいろいろなことをしでかします。ですから、保護者の方は、常に子どもの行動の細部にまで意識を行き届かせなければなりません。

テレビを見ながら食事をしている

小さい頃、食事の時はテレビを消しなさいと言われて育てられましたが、現在、我が家では朝食時にニュース番組を見ています。

食事の場は、一家団欒の場でもあります。朝食なら今日これから起きることの楽しみ、夕食なら今日を振り返ってどうだったかなどを家族みんなで話す場となります。

子どもが小さいうちは、テレビを消していました。

そうでないと、食べる時に体がテレビの方を向いてしまい、姿勢が悪くなるからです。また、せっかく心を込めて美味しい食事を作ってくれた母親に対しても失礼になります。

そのようなことを子どもたちには話をしました。

しかし、子どもですから、相手の気持ちになって考えることはなかなかできません。

そのような場合、「お父さんのために料理をしてくれたのに、会話もしないでテレビの方を向いて黙って食べていたらどんな気持ちになる」と言うと、「嫌な気持ちになる」と答えました。

また、食事をしている時、前に座っている人の姿勢がよいのと、悪いのとでは、どちらが気持ちよく食べることができるかという違った切り口で話すのもよいでしょう。

このような話をして姿勢がよくなった時、子どもは、ちょっと大人になった気分になると思います。そんな気分になっていたら、さらにいろいろなことを教えるチャンスです。

ここでは、箸のタブーをお伝えしたいと思います。

受け箸…箸を持ったままおかわりをする所作

返し箸…大皿から料理を取り分ける際、箸を上下逆さにして使うこと。神仏と食事をともにするという信仰的意味では、上は神仏が使う側になっています。

取り箸を使うのがマナー

掻き箸…食器の縁に口を当てて箸で掻き込む所作。また、箸で頭をかく所作

噛み箸…箸先を噛む所作

舐り箸…箸をなめる所作

撥ね箸…嫌いなものを箸でよけること

これらは子どもに教えておくとよいのではないでしょうか。ほかにもあるので、子どもといっしょに調べてみましょう。

※株式会社兵左衛門ホームページ参照。http://hyozaemon.com

配膳の位置を意識している

食事の時に、箸の持ち方、茶碗などの持ち方、音を立てて食べないなどのマナーを教えていると思いますが、配膳の位置まで教えているでしょうか。

ここで問題です。

ご飯と味噌汁、どちらが右でどちらが左でしょう。

即答できますか。

子どものお手伝いの一つに、茶碗、お椀、箸をセットするというのがあると思いますが、細部まで意識してお手伝いをさせているでしょうか。

何かを始めるときに、形から入る方法と、知識を学んでから行う方法があります。今、例に挙げた配膳の場合、子どもが小さいうちは形から入ってもよいと思います。ある程度大きくなっているのなら、どうしてそう並べるのかという意味を知ってから行ってもよいでしょう。

その場合には、保護者の方も、どうしてそうなるのかを知っておかなければなりません。

いっしょに調べながら学んでいくのもよいと思います。

調べていくと、物事にはある程度の決まりや理由があることがわかります。その理由を知ることで、物事を論理的にとらえられるようにもなってきます。

お手伝いをさせるにしても、保護者が興味を持たなければ、子どもも興味を持ちません。ですから、子どもに何かをさせたいのであれば、まずは、保護者自身が興味を持つことです。

そのような環境を整えて、少しずつお手伝いの幅を広げていきましょう。その時に、関連したことを教えていくのもよいでしょう。

配膳をさせたのであれば、次は、ご飯をよそわせてみましょう。その時、誰からよそいますか。それはどうしてでしょう。盛り方はどうしますか。そういったことを考えなければなりませんが、そこでも新たな教えが生まれます。

そして、次はおかずの取り分けです。今度はよそった時の見た目、残ったおかずをどうするのかなど、さらに難しいことへと発展してきます。

始まりは配膳の位置でしたが、いろいろなことにつながっていくのです。

お弁当に「ありがとう」

よく、高校野球のドキュメントで、最後の夏の大会にかける選手と、それを支える保護者を取り上げた番組があります。

そして最後の夏の大会で負けた球児が保護者と対面するシーンでは、

「二年半、毎日、お弁当を作ってくれて、ユニホームを洗濯してくれて、本当にありがとうございました」

と、大粒の涙を流しながら感謝を伝えるシーンがあります。

このようなシーンでは、ほとんどの球児が同じことを言います。この時に選手が発する「ありがとう」は心の底からの言葉だと感じませんか。

その言葉が、相手に伝わり、それを見ている人の心にまで届くのだと思います。

お弁当を作る行為は、高校球児の保護者も、幼稚園・保育園の保護者も変わりません。毎朝早く起きて、子どもの笑顔を思い浮かべながら、一生懸命お弁当を作ります。

ただ、一つだけ違うとすれば、お弁当を作ってもらう側が、お弁当を作る姿を見ているか、感じているかだと思います。

朝起きて、食事をする時には、包まれたお弁当がもう用意されている。毎日のことなので、用意されていて当たり前に感じてしまうことがあります。それでは感謝の心は芽生えません。

では、どうやったら子どもに思いが伝わるのでしょう。

実践していただきたいのは、数日間、お弁当を子どもといっしょに作ることです。

朝早く起きるのはつらいと思います。保護者が、毎日そういう大変な思いをしていることを知ることで、きっと「ありがとう」が心から言えるようになるのではないでしょうか。

そして、このお弁当作りは、数日続けて行うことに意味があります。一日だけだったら、楽しみで終わってしまいますが、数日続けることで大変さがわかってきます。

この大変さがわかってきたところで、「ありがとう」を伝える意味を教えてください。

そして、「ありがとう」の意味がわかったところで、おじいちゃんやおばあちゃんのためにお弁当を作って、遊びに行ってみてはいかがですか。

その時、「ありがとう」を言われる人の気持ちを知ることができます。

そうすれば、帰宅した時に、「お弁当ありがとう」と言えるようになります。

すぐ行動に移せない

お子さまにに用事を頼んだ時、すぐに行動に移せているでしょうか。

「グズグズして、なかなか行動に移せない」

ということが多いのではないかと思います。

そういう時は、どんな対応をしていますか。どうしてすぐに行動に移せないのでしょう。

それは、すぐ行動に移さなくても大丈夫な環境にいるからです。そんな時、保護者の方は、「全然動いてくれない」とぼやいているだけと思います。口で言うだけで終わってしまっては、子どもは動いてくれません。

私は小さい頃、すぐに動かない子どもでした。ですから、そのことで何度も怒られた経験があります。しかし、母は普通とはちょっと違っていました。

ただ怒るだけではなかったのです。最初のうちは、いろいろ言われたり、怒られたりもしましたが、それでも動かなかった時、例えば、私がテレビを見ていて行動しなかった時、母もストライキを決行して動かなくなるのです。

「おなか空いた。ごはんまだ」

と聞くと、「はい」と返事をするだけで何もしません。

そうして、自分が行動しないことでほかの人にも影響が出るということを教えられました。子どもといえども家族の一員であること、みんな自分のことを我慢していることを知ったことで、小さいながら、大変な思いをして育ててもらっていることがわかりました。

そのほかの方法としては、子どもを「ノセる」ことです。

子どもを動かそうとする時、ただ伝えただけでは難しいことも、リズムに乗せて言うと、意外とすんなりと動いてくれることがあります。

例えば、「前にやったときすごく上手にできたけど、今もできる？　今日はできないかな。お母さんはできると信じているんだけど、信じても大丈夫？」という聞き方はいかがでしょう。自尊心をちょっとくすぐるような言葉がけは効果的です。

また、どのタイミングでどのような言い方をすれば効果的かは、子どもによって違います。ですから、保護者の方は、お子さまの特徴を把握して対応してください。

もちろん、そのときは笑顔です。怖い顔をして伝えてもリズムには乗れませんから。

グズれば親が折れると思っている

子どもとの根比べ。

みなさんは、この根比べに勝っていますか。

負けているようでは、「まだまだ保護者としては……」と言われそうですね。子どもは、グズれば親が折れる経験をしたことで、これからもそうなると思っています。

これは、子どもでなくてもそう思いますよね。

だから、この根比べに負けてはいけません。

もう、負けてしまったという方は、しっかり「リベンジ」しましょう。

こんな書き方をしていますが、そんなにシリアスに考えなくても大丈夫です。

外出している時に、小さな子どもが駄々をこねて保護者を困らせている光景を目にしたことはありませんか。その時、あなたはどんな心境でその様子を眺めていますか。

私は、「やれやれ！　子どもがんばれ。負けるな」と、微笑ましく眺めています。ほかの人の子を微笑ましく見られるということは、我が子にも同じ対応ができるということです。

同じ人間、子どもがすることですからね。

ただ違うのは、保護者の感情がどうなっているかだけです。

では、このような場合、感情はどうするのがよいのでしょう。

簡単です。感情を一度横に置いておきましょう。そして、子どもがどんな作戦で来るのかを楽しみに待つのです。そして、攻撃してきたら、サッといなします。

戦いません。「糠に釘」「暖簾に腕押し」ということわざがあるではないですか。先人は、私たちに素敵な言葉を残してくれています。

相手にいなされた子どもは、そのうち、抵抗しても無駄だということを知ります。そして、いくら言っても現状は変わらないということを知るのです。

こうした経験をすると、新しい情報がインプットされます。そして、その後、幾度かチャレンジしてくると思いますが、そのたびに相手はニコニコと微笑んでいるばかりで全く手応えなし。逆に「がんばれ」などと応援までされてしまっては打つ手なしです。そのうち、グズることが無駄だとわかります。

このように、やり方を少し変えるだけで、案外、簡単にできるものです。

ただ、子どもは体調が悪くてグズることもあります。この違いについては、しっかりと判別できるようにしておいてください。

第三章
保護者編

ベテランの親はいない

この項目は、拙著『子どもの「できない」は親のせい？』でも触れましたが、子育てをしていると、多くの悩みに直面しますよね。

「何でこうなるの。考えていたことと違う」

その気持ちはよくわかります。皆さんも一度は同じようなことを思ったことがあるのではないでしょうか。そんな時に限って、子どもは親の気持ちを尻目に、好き放題を続けるものです。すると、ますますイライラが増して、より悩むという悪循環に陥ってしまいます。我が家でもよくありました。

でもそれは、「子どもは親の言うことを聞く」ということが前提になっているからではありませんか。そもそも、子どもは親の操り人形ではないので、思った通りにならないのも、当然といえば当然ですよね。

そして、誰も先のことなどわかりません。考えていたことと違うことが起きるのは、特別なことではないのです。

そう思えば、少しは気が楽になりませんか。

「いやいや、だって○○君のお母さんは、子育てのベテランだからうまくいってるのに、私は……」

なんて思っている人はいませんか。それは少し違います。子育てのベテランは、それだけ多くの問題に直面してきているから対処の方法を知っているだけです。言い換えれば、それだけ多くの失敗をしてきたということです。

私も、ここでは申し上げられないような失敗をたくさんしてきました。でも、今ではその失敗が思い出になり、子どもたちとの笑い話になっています。

どの保護者にも共通していることですが、「明日の我が子の親になった経験は誰にもない」ということです。「親はいつも新米」なのです。

新米だから、経験がないからこそ一生懸命になるのではないでしょうか。

新人はミスをします。ただ、ミスをしてもフォローしてくれる家族がいます。お子さまへの日々の愛情の積み重ねがあります。

お子さまに対する愛がちゃんと伝わっていれば大丈夫です。

結果を気にして考え込んだり、悩んだりした時は、お子さまといっしょに青空の下、元気いっぱい、体を動かしてみてはいかがでしょうか。そして、疲れて寝てしまった我が子の顔を見れば、心の中は「かわいい我が子」で満たされ、明日への活力が得られるようになります。

物事はとらえ方しだい

今からお話する考え方は、身に付けておくと受験以外にも役に立ちます。気持ちをポジティブに保つためには有効な考え方です。

寒い日は嫌だなぁ。
↓今日は寒いから鍋が美味しい。
子どもの靴が小さくなっているのがわかった時。また買いに行かなきゃ。
↓うちの子、成長してる。次はいつ小さくなるかなぁ。次の靴も見ておこう。
子どもが水をこぼした時。何でこんな時に面倒をかけるの。
↓掃除を学べるチャンス。何を学べるかなぁ。

こんな感じで、とらえ方しだいで悪いこともよくなります。
逆に、とらえ方しだいでは、よいことも悪くなってしまいます。

お店の抽選会で一〇キロのお米が当たった。

↓重たいなぁ。持って帰るのが大変。

喉がかわいた時にアイスコーヒーをいただいた。

↓コーヒーよりアイスティーの方がよかったなぁ。

（子どもが）できなかった問題ができた。

↓どうして教えた時にできなかったの。身に付くまで時間がかかりすぎ。

ちょっと極端な例を書きましたが、こうしたことは、日常生活においていろいろあります。

では、どちらの考え方がハッピーでしょう。

そんなことは聞かなくてもわかりますよね。いろいろありますが、前向きにとらえた方が楽しいですし、そう考えた方が心も軽くなります。考え方しだいで、何事もうまくいくようになっていくのです。

勉強ができない。いやいやできないところは、これから伸びる要素です。

そう考えた方が笑顔でいられますよね。

過保護・過干渉ではありませんか

「自分は過保護だ」「私は過干渉な保護者だ」と自覚している方は、まだ大丈夫です。といっても、自覚している人はあまりいませんけどね。

ほとんどの人は自分は大丈夫だと思っているでしょう。実際のところ、過保護・過干渉と愛情とは紙一重ですが、第三者的な立場で見ると、関わりすぎていると感じる保護者を目にすることがあります。

気になることはいろいろあるのですが、いくつかチェックしてみましょう。

- □準備をするとき、時間がかかっていると手伝っている。
- □子どもが遊んだおもちゃを片付けている。
- □子どもの脱いだ靴や服がそのままだったら直している。
- □外出する時、子どもの荷物を持っている。
- □模試などに行った時、子どものトイレに付き添っている。

いかがですか。特に、最後の質問、年長さんは大丈夫ですか。というのも、こうした光景を模擬試験の会場などでよく見かけるのです。

「年長にもなって、自分で排泄もできないのかな」

「周りからどのように見られているか、恥ずかしくないのかな」

と、私は見ているのですが、目が合った保護者は、「私は、子どもの世話をちゃんとしています」という顔をするんですよね。

その様子を見ていると、自分が子どもの成長をじゃましていることに気が付いていないのです。せっかくの経験なのにもったいないと考えてしまいます。

「我が子に失敗をさせたくない」という親心が働くのは理解できます。

しかし、子どもの失敗は自分の恥として見られるという、自分への評価に起因した行動というが実状ではないでしょうか。

その気持ちもよくわかりますが、失敗したっていいじゃないですか。失敗なんて誰でもすることですし、失敗したらラッキーというくらいの気持ちでいいと思います。子どもの失敗を次につなげることが、保護者の役割なのですから。

それに、幼少期に過保護・過干渉だったら、小学校入学後はどうなってしまうのでしょう。何もできず、失敗したら凹んだままになってしまいます。

お子さまのこれからを考え、過保護・過干渉は今のうちにやめておきましょう。

「育てたように」と「思ったように」

子どもは、育てたように育つが、思ったようには育たない。

実感しませんか。

子育てをしていると、つい、自分が思い描いた成長を期待してしまいがちです。

しかし、現実は違います。

そして、そのギャップにイライラして怒ってしまうのです。

この感情は、子どもを育てたことがある人なら、一度は経験していると思います。

だからといって、「焦らない」「自分を責めない」ことが大切です。

人ですから、そんな時もあります。

それに、イライラして子どもを怒ったところで、その子どもを育てたのは誰ですか。

そう考えたら、子どもに怒るということは、自分に怒るようなものです。それに、怒ったからといって、問題が解決するわけではありません。

しっかりと問題を解決したいなら、まずは保護者自身が率先して規範意識を持って行動することです。

「子は親の鏡」と言うように、子どもは親の背中を見て育ちます。しかも、よいことはあまり身に付かず、悪いことはすぐに身に付いてしまうものです。

それは悩みの種にもなりますが、特別なことではありません。皆さんだって、子どもの頃を振り返ってみれば、思い当たることがあるのではないでしょうか。

そう考えたら、イライラも少しは和らぐと思います。

こうした話を講演でする時、いくつかポイントを挙げるのですが、一番説得力のあるのが、「皆さんの子どもですよ。そう考えたらどうですか」という言葉です。

どんなに論理的に話をしても、どんなに詳細なデータを示しても、この言葉以上に説得力のある言葉はありません。

ただ、子育ては理屈でするものではありません。心と心を通わせ、愛情を込めてするものです。

思ったようにいかない時でも、笑顔で温かく見守ってみませんか。

そして、「○○しなさい」「○○でしょ」と言うのではなく、「○○してみたらどうかな」「何か忘れていることないかな」と、子ども自身に気付きを促すような言葉を投げかけてみてください。

きっと、「アッ」という気付きの言葉が出てくると思います。そうした小さな経験を積み重ねていきましょう。

そして思えば「育ったように」

先の項目で、「育てたように育つが、思ったようには育たない」という話をしましたが、お子さまの現状は、「育ったように育てた」という言い方ができるでしょう。

今のお子さまの状況を見ての話ですからね。

一度、身に付いてしまったことを修正するのは、新たに何かを身に付けさせるよりも大変です。そうした時に、イライラしてしまうこともあるでしょう。でも、育ったように育てたのですから、天に唾をするようなものではありませんか。

そう考えると、イライラも少しは治まるのではないでしょうか。

講演の時にも、そうした話をすることがあります。

「育ったように育てたのだから、ジタバタしても始まりません。もし、子どもの現状に不満があるのならば、どこかで手をかけるのを緩めたからではありませんか。そう考えると、育児というのはうまくできているものです。先に大変な思いをするのか、後で大変な思いをするのかのバランスがとれています。結果的に手を抜いたところが、後々の不満の原因となってしまうのです。どうでしょう、思い当たることはありませんか」

そう話すと、うなずいたり、はにかんだりする保護者の方が多く見られます。保護者を責めているのではありません。子どもを怒る前に、その原因について子育ての中で思い当たるところがないか振り返って、気が付いてほしいと思ってこのお話をしているのです。

子育ては常に全力投球です。どこかで休みたいと思うこともあると思いますが、そこで休んでしまったら、後々、影響が出てしまうことにもなりかねません。

少し子育てを休みたいと思った時は、家族に協力してもらいましょう。お子さまにとっては、それもよい経験になります。「どんなことをしたのか」「片付けはできたのか」「あいさつはできたのか」など、少し離れている間の様子を聞くことで、皆さんの休息も子どもの体験に変えることができます。その後は、お子さまといっしょに食事を作ったり、片付けをしたりしながら、いろいろな話をしてはいかがでしょう。

保護者が優しく迎え、受け止めてあげることで、預けた時間が子どもを成長させる時間になります。育ったように育てたのですから、このように柔軟なとらえ方で育ててみてはいかがでしょう。

保護者の皆さん、子育てを全力で楽しみましょう。

よくも悪くもお手本は自分

「育てたように育つが、思ったようには育たない」という話をしていますが、実際にどうすればよいのかということが問題ですよね。子育ては口でするものではありません。実践が大切です。

ただ、そう難しく考えないでください。

実践していく上で大切なことは、常に保護者である自覚を持つことです。

多くの方は子育てを振り返る時間を持てていないと思います。このように言っている私自身も皆さんと同じで、子育てを振り返ることはありませんでした。忙しさにかまけて、これからのこと、先のことばかり見ていたような気がします。

順調な時はそれでもよいのですが、そうでない時にはバタバタしてしまいますよね。

そして、ふと「俺はなんで親をしているんだ」という考えが頭をよぎりました。そして、子育てを振り返ると、自分が不安定な時は子どもも安定しておらず、親が安定している時は、子どもも順調に育っているということに気付きました。

子どもにいろいろあった時、親がどっしり構えていると子どもは順調な回復を見せましたが、親が動揺すると子どもはさらに不安定になっていったのです。

皆さんも、時間を取り、「何で保護者をしているのか」ということを自問自答してみてください。すると、自分なりの答えが出てきて、その後はすっきりした気持ちになります。

日々の生活や自分の言動を振り返ってみましょう。保護者として改めるべき点が浮かんでくると思います。ただし、この「振り返り」は気楽に行うようにしてください。深刻になっても、負のスパイラルに陥いるだけです。

大切なことは、教育の方法論を身に付けることでも、ほかの人からの評価を得ることでもありません。保護者であるという自覚を再確認できれば、自ずとお子さまとの接し方も変わってきます。

お子さまとの接し方が変わると、ここまでお話してきた、「育てたように育つ」という意味がよくわかってくると思います。

だからと言って、「保護者はしっかりしなくてはならない」と、ずっと思っているのは大変ですよね。

笑顔を絶やさずに生活してください。そうすれば、家族みんなの笑顔が増えてきます。

「保護者である自覚」を持つことができれば、それが可能になります。

子どもを見失わないで

この項目のテーマを一言で言うなら、「子育て」です。

保護者の大切な使命は、「子どもをしっかり育てること」です。当たり前と言えば当たり前なのですが、いつの間にか頭の中から、「しっかり」が消えてしまう保護者が多いのです。特に、入試が近づいてくると、その症状が顕著に表れます。

小学校受験は二人三脚とよく言われますが、試験が近づくにつれ、保護者のギアが上がり、ますますがんばってしまいます。

がんばることはもちろん悪いことではありませんが、二人三脚は子どものペースに合わせなければうまく走ることはできません。ですが、保護者は合格というゴールしか見えなくなり、周囲を考えずに全力で走ってしまいます。そうなったら、子どもはどうなってしまうでしょうか。

保護者のスピードについていけず、引きずられて擦り傷だらけになります。そんな状況でゴール（合格）したとして、子どものためになるでしょうか。

話は変わりますが、皆さんは、どんな人に魅力を感じるでしょうか。

「笑顔が素敵」「いつも明るい」「包容力がある」など、いろいろなイメージが浮かんでくると思います。

それって、子どもも同じだと思いませんか。

どんな「人」に魅力を感じるかの、「人」を「親」に置き換えれば、子どもがどんな親を望んでいるかがわかります。

保護者にとって、子どもは何よりも大切なものです。時には自分よりも大切だと感じる存在ではありませんか。そう思っているのであれば、自分が何をすべきかはわかるでしょう。

お子さまが疲れた時、寂しい時、悲しい時に、保護者は、ためらうことなく安心して飛び込んでいくことができる存在であってほしいと思います。

そうあるためには、家族とのコミュニケーションが大切です。

子ども部屋に閉じこもって、ゲームばかりしているお子さまに、たまには絵本の楽しい読み聞かせをしてあげてください。

そのような、心温まる時間をお子さまといっしょに作り上げていきましょう。

躾とは

「躾」という字は、国字と呼ばれる日本で生まれた漢字です。

そもそも、躾とは何でしょうか。躾とは、ほかの人から見て所作が美しいと感じさせる振る舞いを身に付けることです。

振る舞いとは、言葉遣いであり、動作であり、常識でもあります。それらがきちんと身に付いている人は素敵に見えます。

では、そうした振る舞いは、誰が教えるのでしょう。そもそも、躾とは、教えられたり、学習したりして習得するものではありません。日々の生活を通し、保護者の価値観や考え方、振る舞いを見て、自然と身に付けていくものです。

「三つ子の魂百まで」と言うように、幼児期の躾は特に重要です。

私は、多くの先生方から、躾のポイントは、小さい時にしっかりと身に付けさせることだと教えてもらいました。これはお手伝いも同じでした。

小さいうちは、それが何を意味するのか、どういうことなのかという理屈はわかりません。ですから、「こういうものだ」という価値観を身に付けさせることができるのです。

この価値観が身に付いてしまえば、それに沿ってお子さまは育っていきます。

我が子には、この「躾」の字のように、「身が美しい人」に育ってほしいと思いますよね。いっしょにいる人が心地よさを感じられるような人になってほしくはないですか。そのためには、そのように育つ「環境」が必要になります。そして、「環境」を作る保護者の方が日々をどのように過ごすかが重要になってきます。


私が出張帰りに新大阪発の新幹線に乗った時のことです。車両の最後列の三人がけの窓側に座ったのですが、隣の二席は空いていました。

通路を挟んだ反対側の二人がけの席に目をやると、小さな子どもを抱いた母親が窓側に座り、隣の席に荷物を広げてお弁当を食べ始めました。バギーはたたまずに席の後ろのスペースにに置いてあります。

私は、「隣に人が乗ってきたらどうするのだろう」と心配していると、予感は的中しました。

体格のよい男性が来て、「何してんだ、ここ俺の席だよ。荷物どかして」と言って、母親が荷物を片付けると、すぐ席に座り、シートの背もたれを倒そうとしました。

「ガツン」

席の後ろに置いてあったバギーにぶつかり、背もたれを倒すことができませんでした。

「何考えてんだ。荷物は人の席まで広げるし、バギーはじゃまになるように置いて。たたんでしまえよ。早く片付けろ」

と怒っています。

その母親はビクビクし、何度も謝りながら片付けたのですが、その男性は、自分のシート目一杯倒すと、すぐに寝る体勢に。

母親は、東京まで荷物と子どもを抱え、お弁当も食べることができませんでした。

一方、私の隣に座ったのは若い夫婦で、乳飲み子と小さな王子様。夫婦は子どもにお弁当を食べさせた後、自分たちも食べ始めたのですが、二席に三人と赤ちゃんは狭すぎます。私の隣には父親が座ったのですが、私に迷惑がからないように気を遣ってくれていました。

ですが、そんな時は、いろいろなことが起こるものです。

乗車していた新幹線の隣をドクターイエロー（新幹線の検査車両）が通過していきました。その隣の小さな王子様の手には、ドクターイエローのおもちゃが握りしめられています。お父さんが。その姿を一生懸命見せようとしますが、子どもはもっと近くで見たそうにしています。

「こっちにおいで」

と言って、私の膝の上に小さな王子様を乗せると、窓に張り付いて見ていました。

その夫婦と話しながら、東京までごいっしょさせていただいたのですが、降りる時に、

「席が取れなかったので、こいつが迷惑をかけたらどうしようと冷や冷やしていたんです。相手をしていただいてありがとうございました。そして、ご迷惑をおかけしました」

と言って降りていきました。

その子は、途中から寝てしまいましたが、それまでは、電車のことを一生懸命話して楽しませてくれました。

二人がけに座っていた方の母親は、隣の人が降りた後、疲れ切った表情を見せ、荷物を片付け始めたので、バギーを取ってあげ、声をかけましたが、「すみません」と下を向いてぼそっと言っただけでした。

私も三人の男の子の親なので、子連れの長距離移動の大変さは経験しています。ただ、この二組の子ども連れの保護者を同時に見た時、それぞれの言い分もわかりますが、大きな差があると思わずにはいられませんでした。

子どもには、また会いたいなと思われる人になってもらいたいですね。そのために今一度躾について見直してみてはいかがですか。

自分勝手はダメ。自己中な保護者が増えている

一昔前、モンスターペアレントと呼ばれる、自己中心的な保護者が話題になりました。自分の意見ばかりを強引に押しつける、攻撃型のクレーマータイプの保護者です。

しかし、最近では迷惑保護者のタイプが変わってきています。問題となっているのは、自分さえよければいいという考えや無関心タイプの保護者です。

「うちの子が嫌がっているので、担任を変えてください」

「うちだけスクールバスが遠いのは不公平だ」

「うちの子だけ特別に携帯を持つことを認めてください」

「うちの子が目立たないので発表会の配役を変えてほしい」

どれも、主語が「自分」なんですよね。

園や学校で、特に頭を悩ませているのが「役員」の問題です。共働きの家庭が増えていることもあり、役員のなり手がいないのです。

説明会などで、「在園（在校）中に、必ず一回は役員をしていただきます」と、説明しているにも関わらず、仕事などを理由に役員を断る人が増えているそうです。

保護者側にも都合はあるでしょうが、役員をすることが入園（入学）の条件の一つ

になっていることは、理解しているはずなのですが……。入学してしまえば、そんなことは関係ないと考えている（考え方を変える）保護者がいるということです。

「役員はしないけど、質の高い教育を子どもに受けさせたい」という自分勝手な考えを堂々と主張していることに気付いているのでしょうか。

共働きの家庭で、都合をつけるのが大変なこともわかりますが、全員が同じことを言って拒否をしたら、学校運営が成り立たなくなってしまうかもしれません。

厳しい言い方かもしれませんが、約束を守れないのであれば、その幼稚園や学校を志望してはいけないのではないでしょうか。保護者の「自分さえよければ」という態度を、子どもは見ています。そうした態度や行動が、子どもに影響を与えることは充分に考えられます。そうなっては困るのは保護者です。

保護者が役員として活動している姿を見て、その子どもたちは誇らしいと思い、自分もがんばろうという原動力に変えていくのです。

保護者として子どもと関わることができる時間は、そう長くはありません。できるだけ、よい時間をいっしょに過ごしてあげるようにしてください。

目先のことにとらわれすぎない

「人の一生は重荷を負て遠き道を行くがごとし。急ぐべからず。不自由を常と思へば不足なし。（略）怒りは敵と思へ。（略）おのれを責めて、人を責むるな。（略）」

皆さんは、徳川家康という人物をご存じですか。

誰でも家康のことは知っていますよね。その家康ですが、決して恵まれた幼少期を送っていたわけではありません。幼少期は人質生活を強いられ苦労をしたのです。

先に紹介したのが、その家康の言葉になります。

どこか子育てにも通じるものがあると感じませんか。

そこで、私流にちょっとアレンジしてみます。

「子育ては重荷を負て遠き道を行くがごとし。急ぐべからず。不自由を常と思へば、不足なし。怒りは敵と思へ。自分を責めて、子どもを責むるな」

どうです。よい言葉になったでしょう。

子育てをしていると、どうしても目先のことばかり考えしまい、育児の近道に意識がいってしまいがちです。でも、幼児期は人生を歩む上で、大切なことを身に付ける時期でもあるのです。ですから、焦らず、一歩一歩確実に歩んでいってほしいと思っています。

「人の一生は重荷を負て遠き道を行くがごとし。急ぐべからず」

子育てをしていると、よいことばかりではありません。それが当たり前です。それが人生であり、成長の証しなのです。そして、子育ては長い時間をかけて行っていくものです。生まれてから二〇歳になるまでに、実に一七万五三二〇時間もかかるのです。急いでも始まりません。それに、そんなに長い時間、全力疾走することは不可能です。

「不自由を常と思へば不足なし」

不自由を常と思えば、それが日常となります。要は、気の持ちようでどうにでもなるということです。そして、不自由なら何か工夫をしますよね。そこに探究と興味関心が芽生えてくるのです。

最後に、「怒りは敵と思へ。おのれを責めて、人を責むるな」

耳の痛い言葉ですね。でも、このように思いながら生活を送っていたら、イライラを抑えることができるのかもしれません。

ちょっとした心の持ちようで、いかようにも改善はできるということです。

外聞を気にしていませんか

「保護者は子どもを主にして考える」

「自分がどう見られるかは躾ではない」

外聞とは、保護者の方や子どもの見た目ではありません。周りの人から自分がどのように見られているのかということです。

子どもを叱っている保護者を見かけることがありますが、本当に子どものことを考えているのだろうかと思ってしまいます。

叱っている内容を聞いていると、どうも変なんですよね。今、ここで言う必要があるのかということを叱っているのです。それに、保護者として恥ずかしいという言い方をしているのです。

思い当たることはありませんか。

保護者は何のために子ども躾けているのでしょうか。しっかり躾けている保護者がよく見られるためではないですよね。子どものこれからの成長を考えて、躾けているのだと思います。保護者がどう見られるかは関係ありません。

躾に対する感覚が少しずれていると思われる方がいます。例えば、「恥ずかしいでしょ」

と子どもを叱る保護者。模擬試験の会場でよく見られる光景です。

子どもがミスをすると、保護者の評価が下がる。躾が悪いと思われるのが嫌なので、そう自分が見られないようにする。

そのような環境で育った子どもは、どうなってしまうのか心配になります。

悪い時は、「ごめんなさい」、何かしてもらった時は、「ありがとうございます」という当たり前のあいさつをしっかりと身に付け、不足しているところはこれから身に付ければいいじゃないですか。

「聞くは一時の恥、聞かぬは一生の恥」ということわざを知っていますか。保護者の方はずっと子どもの側にいて、身の周りのことすべてをしてあげられるわけではありません。

自分が恥をかいても、子どもがしっかりと成長できればよいと思いませんか。子どものためと思ったら、恥をかくくらい気にはならないでしょう。

子どものためです。もう、恐れるものはありませんよね。

恥をかいても、その時の保護者の対応を子どもはしっかりと見ています。だから、大丈夫ですよ。その時の姿勢は必ず伝わります。

怒っても何もならない。何もならないことはしない

牛乳が入ったコップをガタン。すると、テーブルは牛乳で真っ白。

「もう、何やってるの」

ドカーンと雷が落ちます。日常生活においてよくある光景ですよね。その気持ちはよくわかります。でも、怒ったところで牛乳はコップには戻りません。

しかも、怒っている間に牛乳はテーブルにどんどん広がり、椅子や床にまでこぼれて、被害拡大。

怒っている間に、拭くものを持ってきて、掃除をすればよいのにと思います。

だから、「もう、何やってるの」ではなく、「拭くものを持ってきて」という対応が適切だと思います。

さらにレベルが高い対応は、「何を持ってきたらいい？　それを持ってきて」と、子どもに判断させることです。

「そんな言葉が出るなんて素敵。すごい、私もそうなりたい」と思いますよね。でも、ここに至るまでに、数々の経験を積まなければできるものではありません。

数々の経験？

そうです。経験の裏には、たくさんの失敗があるのです。経験しているから、どうすればよいかがわかるので、慌てずに行動できるのです。

そして、経験していれば、どういうことが起きるか予測ができ、予測ができれば準備もできます。

準備ができていれば、ハプニングが起こっても大丈夫ですよね。

怒って事態が好転するのであれば怒ってもよいと思うのですが、たいていのことは、怒っても好転しません。怒りは怒りを呼び、そうなっては悪循環になるだけです。

怒っても変わらないのなら、怒るだけ損だと思います。

怒ることを繰り返していると、子どもは萎縮してしまいます。皆さんは失敗して怒られた時、うれしい気持ちになったことはありますか。経験上、怒る行為がどういう影響を与えるかはわかっているはずです。

そう考えたら、どうしたらすればよいのかわかりますよね。

それに怒ることって、すごくエネルギーを使います。

そのエネルギー、プラスのことに使えるようにとっておきませんか。

待つことを楽しもう

物事のとらえ方を少し変えるだけで、苦だったのものが楽しく思えるようになることがあります。

その一例を取り上げてみます。

楽しみにしていることを待っている間は楽しいけれど、嫌なことを待っているのはつらい。これは誰もが同じです。自分だけではないのです。でも、このつまらないこと、苦しいこと、イライラすることを楽しみに変えられたら、どんなによいでしょうね。と、誰もが思うことでしょう。でも、それは誰にでもできます。

待つことを楽しもうと決めてしまえばよいのです。待つことを楽しむと決めたら、楽しめる材料探しが始まります。そうすれば、楽しいことばかりが集まりますよね。

「それを言うのは簡単だけど、行動に移すのはなかなか難しい」と思っているかもしれません。

最初は誰でも思うところから始まります。ただ、思ったからといってすぐにできるわけではありません。最初はできないかもしれませんが、続けていればできるようになります。大切なことは、あきらめないこと。そして、できるようになるまで続けることです。

私も、思っていてもできていないことは山ほどあり、心の強さがないと反省しています。

この原稿も、『子どもの「できない」は親のせい？』を発行する時に、伝え足りなかったことがあるという思いから書き始めました。そして、最低でも一日一項目は書こうと心に決めたのですが、なかなか、思うようには進みませんね。

何かをするときには、まず、「こうすることに決める」ことにしましょう。そして、決めた後は、それに向かって突き進むだけ。

待つことを楽しむと決めたら、待つことを楽しみ、楽しめる材料集めをすればよいのです。なかなか楽しめる材料はないかもしれませんが、そんな時に楽しめる材料を見つけることができたらうれしいと思いませんか。

そして、探そうとする意識は、楽しいものを探す目を育て、習慣化していきます。そうなるまで続けられれば、待つことが楽しくなります。

言行一致

私も子どもを育てる中で、完全にはできていないことでした。常に心がけてはいたつもりでしたが、なかなかできず、大人の都合で言うことを変えたりしていました。

ですが、子育てにおける原則的なことは曲げませんでした。幸い、子どもたちは素直に育ってくれていますし、家族の仲もよい方だと思います。

これも妻がバランスをとってくれたり、見えないところでフォローしてくれたお陰だと感謝に堪えません。

子育てをする上で、妻と話し合い、大切にしてきたことは、生きるための柱、人として大切な考え方をしっかりと身に付けさせようということでした。そして、それに関してだけは、行動がぶれないように心がけました。これに限って言えば、言行一致できたと思っています。

そして、「生きるのに必要な考え方」については、いつか身に付けばよいではなく、身に付くまで繰り返そうと妻と話をしました。

ですから子どもたちに対しては、「どうしてそれが大切なのか」「どうしてそうするのか」など、時間をかけて繰り返し話をしました。

子どもたちは、最初はわからなかったかもしれませんが、何度も繰り返したり、例え話をしたり、その場になったときに、この間話をしたことだよと言って行動で示したりするうちに、少しずつ実感を持って理解していったようです。

それとともに、自分が言ったこと、約束したことはきちんと守らせ、言行一致の大切さを教えました。

言行一致させてよかったことは、子どもたちが判断すべき事態に遭遇した時、基準を持てたことだと思います。よくその話を子どもたちがしているので、親としてはほっとしています。

もちろん、大きくなったら、世の中に矛盾があることも教えなければなりません。子どもの中で基準ができた頃、大人の事情があると言って、堂々と矛盾したことを言い始めました。

その矛盾をしっかりと理解できる年齢になってからの話です。

幼児期は、考え方の基本を固める時期でもあります。ですから、その時期はきちんとした基準が身に付けられるような環境作りを心がけてください。

言葉遣いは正しいですか？

母国語で、長年使っている日本語ですら言葉は難しいものです。私も言葉を扱う仕事をしていますが、いつも知識が足りないと痛感しています。

人それぞれ、話し方にはくせがあります。こういう私にもくせはあります。昔、講演を始めたばかりの頃は、「ということで」と冒頭につけてから話し始めるくせがあったのです。それではよくないと思い、自分の講演をICレコーダーに録音し、後から聞き直したのですが、何とも聞きにくいのです。本当に、聴講者の方には申し訳ないという思いに駆られました。そのことは、修正しましたが、細かなくせはまだまだあり、現在も勉強中です。

くせの修正は、考えている以上に難しいことです。小さい頃に身に付いた言葉遣いやイントネーションは修正しにくいと言いますよね。これは言葉遣いやイントネーションだけではありません。

子どもは、日本人の親から生まれたから日本語を話すのではありません。生まれ育った環境で使用していた言語だったから日本語を話すようになるのです。

お手本となる保護者が英語を話していれば、子どもは自然と英語を習得しますし、フランス語を話していれば、自然とフランス語を覚えます。

言語の習得は、まず最初に音として言葉が耳から入ってきます。その後、意味を理解しないまま、音として言葉を発するようになります。そして後から意味を理解します。

このことは、言葉遣いや口調にも当てはまります。

子どもは状況に合わせて言葉を使い分けることができません。ですから、ふだんの言葉遣いがそのまま表れてしまいます。表れるのは、言葉遣いだけでなく、態度などもそうなのですが、ここは言葉に絞ってお話しましょう。

最近、きちんとした言葉遣いができない子どもが増えています。この言葉遣いとは、敬語や言い回しの話ではありません。子どもらしさはあってよいのですが、初対面の大人に対してどう話すのかという意味での、言葉遣いができているかという話です。

例えば、子どもにいきなり「ねぇ何してる人」と言われたら、初対面の大人は驚きますよね。また、聞かれたことに単語だけで返答するのは変だとは思いませんか。

そんな物言いをした時は、「ちゃんと話しなさい」と、子どもに注意するでしょう。でも相手の人は、「どんな躾をしているんだ」と思うかもしれません。そうなれば損をするのは子ども自身です。

たかが言葉遣いと考えずに、まずは保護者の方の言葉遣いから見直してみませんか。

考えていますか、スマホのモラル

スマホの使用に関する問題は、これから先、ますます大きくなっていくでしょう。急速に便利な世の中になっていますが、使う側のモラルが追いついていないように感じます。

例えば、電車の中でのことですが、優先席に座り、スマホをいじっていて、目の前にお年寄りや妊婦さんが来ても、気が付かないのか気が付かないふりをしているのかわかりませんが、席を譲らずにスマホとにらめっこしたままの人がいます。

こうした光景を目にする子どもにも、当然影響を与えます。

また、生活の中で、保護者の方がスマホをいじっている姿を頻繁に目にしているので、ほかの人といる時にスマホをしていることに、違和感を感じなくなっているのです。

実際、小学校入試でも出題されたことがあります。その時は、「電車の中でしてはいけないことをしている人に○をつけてください」という問題でした。問題の絵には、入口付近に立ってスマホで通話をしているお母さんが描いてありました。

残念ながら、そのお母さんに○をつけることができた正解者は二割弱という結果でした。

残りの八割の子どもは、車内で通話をしている大人に対して違和感を覚えなかったということになります。

日常生活において、スマホは欠かすことのできないアイテムの一つになっていますが、今一度、スマホに関してのモラルについて考えてみてはいかがでしょうか。電車内で通話をする必要があるのか、歩きながらメールやＬＩＮＥをする必要があるのか……。

特に、小さい子ども連れの保護者がスマホを見ながら歩いている姿を見ると、何かあったらどうするのだろうかとヒヤヒヤしてしまいます。

スマホを使うなと言っているのではありません。

ただ、その瞬間に使うべきなのか、一呼吸置いて考えてみてはいかがでしょう。もし、使用するなら、歩きながらではなく、人のじゃまにならないところで使う配慮があるとよいですね。

子どもは保護者の方の一挙手一投足を見ています。子どもがスマートな大人になることを願って、スマホの扱いを見直してみませんか。

俯瞰した状態で

子育てをしていると、どうしても目先のことに目がいってしまいます。

でも、目先のことばかり追っていると、正しい方向に進んでいるのかわからなくなってしまいます。ですから、子育ては、俯瞰した意識が必要になりますし、俯瞰で見て、どうするのかを考えなければなりません。

論理的に言えばこうなんですが、なかなか、理屈通りにはいきませんし、いかないのが普通なのです。

そこで、ご紹介したいのが、高畠導宏《たかばたけみちひろ》さんという方のお話です。

「その人誰？」「知らない」という方がほとんどだと思います。

高畠さんは、一九四四年生まれのプロ野球選手でしたが、選手としてよりコーチとして活躍した人でした。一九六八年に南海ホークス（ソフトバンクホークスの前身）に入団し、一九七二年に現役を引退しました。その後、ロッテ、ヤクルト、ダイエー（現ソフトバンク）、中日、オリックス、ロッテで打撃コーチをし、落合博満、小久保裕紀、イチロー、田口壮など、一流選手を数多く育てました。

しかし、知っていただきたいのは、その先の人生なのです。

彼は、一九九八年、中日の球団職員をしながら、日本大学の通信課程に入学し、教員免許を取得。二〇〇三年春から、福岡県の筑紫台高等学校の教員になりました。当時、プロ野球経験者はアマチュア野球のコーチはできませんでした。そんな中、高校野球の監督を目指してがんばっていた二〇〇四年、彼の体を病魔が襲います。そして六〇歳の時、膵臓癌で他界されました。

その、高畠さんが教育の現場に立った時のことを題材にしたドラマ「土曜ドラマ・フルスイング」が、二〇〇八年一月からNHKで放映（全六話）されました。ドラマの中で、高畠さんは、高校生や先輩教師たちにいろいろなアドバイスをします。そのアドバイスが、毎回のテーマになっていました。

第一話のテーマは、「大きな耳 小さな口 優しい目」でした。このテーマだけでも、お子さまと向き合う時の参考になります。ほかにも、「才能とは 逃げださないこと」「大丈夫 それでいい」「相手の目を よく見て」などがテーマになっていました。これだけでも、何だか目の前が明るくなったような気がしませんか。

原作は、門田隆将 著『甲子園への遺言～伝説の打撃コーチ 高畠導宏の生涯』（講談社刊）です。現在、書店に置いてあるかはわかりませんが、一度読まれてみてはいかがでしょう。

集合時間に遅れない

「当たり前でしょう。そんなことわかってます」という声が聞こえてきそうですし、「ここで取り上げる必要もないでしょう」という意見もありそうですが、現実問題として、時間にルーズな人が増えているのでここで取り上げているのです。

幼稚園や保育園の行事でも、開始時間に遅れて入ってくる人っていませんか。遅れて入ってくるには、それなりの理由があると思いますが、多くの場合、その理由は自分の都合であって、客観的な理由ではないですよね。

時間通りに集まっている皆さんも、家の用事やら、仕事やら、やるべきことはあります。そうした中で、時間をやりくりして来ているのです。

もし、仕事など、致し方ない理由で遅れることがわかっているのなら、あらかじめ連絡するなど、大人としてのスマートな対応ができると思います。しかし、そのような対応をしている方は、ごくわずかです。

「私だけ特別」は、ありません。もし、お子さまといっしょに遅刻して、入口で先生に注意された時に、遅刻を正当化するための言い訳を並べたとします。結果的に、入口を通してもらうことができたとしても、その様子を見ていたお子さまはどう思うでしょう。

その行動は、いつもお子さまに言っていることと一致しているでしょうか。

このような自己中心的な保護者は、フィクションではありません。しかも、年々増えており、幼稚園・学校関係者は困っているのです。

そして、そうした保護者の子どもも時間にルーズなことが多いのです。そうした環境で育っているのですから、しょうがないと言えばしょうがないですよね。

遅刻ということで言えば、入試という場所においては、遅刻はどんな理由があろうともすべて遅刻です。個人的な事情や理由は通じません。

入学試験では、学校によっては、交通機関の遅延があった場合も、遅刻は遅刻として扱われ、棄権したものとみなされることもあります。学校にその点をうかがうと、「何かあるかもしれないと想定できることですよね。だから、備えることだと考えています。スマホでルート検索してギリギリの時間で行動する人が増えていますが、何かあったら遅れてしまうはと考えないのでしょうか」ということでした。

子どもには時間を守ることを躾けているのですから、規範意識ということを考えたら、保護者が時間を守ることは当然です。また、遅れることで周りにも迷惑をかけることを考えたら時間厳守は絶対なのです。

小学校受験をするひとり親の方へ

昨今、さまざまな事情からひとり親の家庭が増えています。それにともない「ひとり親なのですが」で始まる相談も増えています。

まず、結論から言います。

小学校受験において、「ひとり親だから不利だったり、合格できない」ということはありません。しっかりと地に足をつけ、胸を張ってくださいとお伝えしています。

よくお話するのが、「ひとり親の方は苦労が多く大変ですよね。でも、その分、幸せも独り占めできるのですから、幸せも二倍です。欲張っちゃいましょう。『(母子家庭だとしたら)お母さん疲れているからマッサージして』とお子さまにお願いして、約束の時間が過ぎたら、『今度はお父さんとしてがんばっている分のマッサージをお願い』と二倍してもらえばいいじゃないですか」ということです。

生活の中には、ひとり親ゆえの苦労もあります。だからこそ、家庭に戻った時ぐらいは楽しい雰囲気で欲張ってもよいと思います。

マッサージが終わったら、抱きしめて、「ありがとう」「うれしかった」「パワーがもらえた」など、満面の笑みで感謝を伝えてあげてください。

このように、受け止め方を少し変えるだけで、ポジティブに考えることができます。だったら、何でもポジティブにとらえた方が得ですよね。

もちろん、たまに使うからニコニコしてできることです。これが毎回なら、子どもは「やらされている」と感じるでしょう。この作戦の使い方にはご注意ください。

受験の話に戻ります。

ひとり親の家庭で受験をする場合、面接で「お子さんに何かあったとき、どなたが迎えに来られますか」と質問をされることがあります。この質問をされた時には、端的に対応可能かどうかを答えなければなりません。

入学後、何かあったときに責任を持って対応することができるかどうかという事実関係の確認なので、あらかじめ準備をしておいてください。

この質問は共働きのご家庭も同じです。責任がとれる身内が対応できない場合、不合格になります。これは、学校も責任を持ってお子さまを預かるので、保護者の方も責任を果たしてくださいということです。

ひとり親・共働きのご家庭は、この質問の対応だけはしっかりできるようにしておきましょう。

噂に踊らされない

現代は、インターネットで情報を得ることが当たり前になり、得られる情報量も格段に増えています。ウィンドウズ95が登場する前は、情報を集めるのに苦慮していましたが、今では、情報の取捨選択に四苦八苦する時代です。

インターネット上にある情報は、どれも本当らしく見えてしまい、よい情報を得たと思っても、似たような情報が多くなるにつれ、どれが正しい情報なのかわからず、かえって不安に陥ってしまいます。

情報は、人によってその価値が変わります。ですから、自分に必要な情報は自分で探し、自分で選ぶことが大切です。これを別のことに例えるとわかりやすくなるでしょう。

皆さん、ラーメンは好きですか。味は何が好きでしょう。醤油、味噌、豚骨、豚骨醤油、塩など、さまざまな種類があります。

私が、「この味噌ラーメン最高！」と紹介したとしましょう。好みが同じ人にとっては、貴重な情報になるかもしれませんが、好みが違う人にとってはよい情報にはなりません。

そもそも、ラーメンが嫌いという人には、全く価値のない情報です。

しかも、一口に味噌ラーメンと言っても、味噌にもいろいろ種類があります。札幌、信州、麦、仙台、八丁味噌など、どれを選ぶかで味も変わります。

好みは人それぞれですから、「これが一番美味しい」「絶対おすすめ」と言っても、それは私の中での順位をお伝えしているにすぎません。

特にＳＮＳなどの情報は、あくまでもその人の個人的な意見であることがほとんどです。しかし、誰にとってもそうであるかのごとく書いてありますよね。

では、そうした情報に惑わされない、一番の特効薬をお教えしましょう。

「ネットの書き込みは見ない」

これに勝る策はありません。

私も仕事柄、ＳＮＳやネットの掲示板を見ることがあります。そして、あたかも評論家のような意見が書かれていますが、的外れなものも多く見受けられます。

しかし、当社が作成しているものではないので、あえて訂正はしません。

私から言えることは、噂は噂ということです。大切なのは、自分の耳で聞き、目で見て、肌で感じるということです。

そして一番大切なことは、自分の判断、意見に自信を持つことです。

ほかの人と同じでないと落ち着かない

日常生活においてよく見られることです。

社会心理学や行動心理学では、同調現象と呼ばれ、周りの人と言動が同じになることで、安心感を得られることから生じる現象だと言われています。、安心感を得るためや不安要素を払拭するために、ほかの人と言動を合わせようとする心理が働き、このような行動をとると言われています。

お昼時に食事をしようと食堂街を歩いていると、お客さんが並んでいる店と、並んでいない店とがありました。決めあぐねていると、さっきまで人が並んでいなかった店に、いつの間にか行列ができていたという経験はありませんか。これは、「行列ができている店＝美味しい店」という意識がどこかに働いて、この店なら美味しい料理が食べられるという気持ちになるためです。

子育てにおいても、同じようなことがあるのではないでしょうか。

よく、個性は大切、個性を尊重しましょうと言います。ですから、服装や意見に個性があってもよいのです。みんな同じことが正しいわけではなく、反対意見を言うことが必要な場合もあります。

当社においては、例えば、書籍のタイトルや表紙のデザインを決める時などがそうかもしれません。

私も社長として意見を出します。しかし、自信を持って提案した意見でさえも、いつの間にか候補から消えていることがよくあります。私はそれでよいと思っています。

各々が思ったことを主張する。わがままではなく、ある信念のもと、自分の意見として胸を張って主張した案の方がよいのであれば、私の意見が通らなくても仕方ありません。

もし、ほかの人と意見が同じでないと落ち着かない人は、自信がないのではないでしょうか。

集団の中にいれば、目立ちませんし、どこか安心できます。

そう考えると、同調現象から脱するには、自分に自信を持つことと、自分の意見をしっかりと持つことが必要なのではないでしょうか。

意見は意見であって、正解不正解ではありません。ですから、意見が通らないからといって間違っているとか、恥ずかしいことではないのです。

見栄を張っている

見栄を張りたいわけではないのに、つい見栄を張ったり、結果的に見栄を張ってしまったりした経験はありませんか。やはり、誰もが他人からはよく見られたいので、そういった気持ちもよくわかります。

しかし、子育てについては違います。見栄を張ってはいけません。子どもの成長にも影響してしまいます。

そもそも、見栄というのは、持っていないものを持っているかのごとく見せる行為です。つまり、見栄を張るということは、その人は「それ」を持っていないのです。取り繕ったところで、その人は何も持っていません。ですから、子どものお手本となって見せることもできません。

見栄を張るような行動ばかりしていたら、子どもも無理に背伸びをするようになります。そして、「足もと」がおろそかになってしまいます。

それに、見栄を張るという行為は、嘘をつくということです。保護者が「見栄を張った」時、大人なら「見栄を張ってぇ」と笑ってやり過ごすこともできるでしょうが、子どもはそこまで知恵がありません。単なる「嘘つき」に見えるでしょう。躾ける側が嘘つきだと思われてしまったら、その後の育児に影響してしまいます。

見栄の内容によっては、子どもに過度のプレッシャーを与えることにもつながってしまいます。そんな過酷なものを背負わせてしまっては、かわいそうだとは思いませんか。

ですから、そのようなことがないように見栄を張るのはやめましょう。一度見栄を張れば、さらに見栄を張らなければならなくなり、見栄を張った自分自身がしんどくなるだけです。

ないものはない。できないものはできない。それでいいじゃないですか。

相手が持っているものなら「素敵ねぇ」、できるなら「すごいじゃない」と相手を素直に称えてあげましょう。笑顔でそう言われれば、相手もうれしくなるでしょう。

「ほかの人を褒められる人」「自分のように喜んでくれる人」は、とても魅力的だと思いませんか。保護者の方の姿を見ているお子さまの目を見てください。

その時のお子さまの目は、キラキラと輝いていると思います。

それこそ、「私のママ（パパ）は誰よりも素敵！」と心から思っていることでしょう。

どうです、お子さまは見栄を張らずに、心から自慢できているのではないですか。

言葉遣い

大人になった時に大切なことの一つに、正しい言葉遣いや立ち振る舞いがスマートに行えるかがあります。

今は、そうした対応も多少はゆるやかになってしまいますが、やはり目上の方に対する礼儀や言葉遣いは大切です。

これができない子どもが増えています。

原因は、保護者が言葉の使い分けを教えていないから、できない（しない）ということです。

間違った言葉を使った時、「子どもだから」という言葉は、免罪符にはなりません。「子どもでも」が求められていることに気付いてください。

言葉の使い分けができない子どもは、誰とでも友だちと話をするのと同じように、会話をしてしまうのかもしれません。

言葉遣いや礼節は大切ですが、ただ使えればよいというものではありません。大人でも、初対面の人と、よく会う人とでは言葉遣いが変わります。

また、間違えて対応された大人は、「可愛いね。素直な子どもだ」などと言うかもしれませんが、心の中では、「どんな躾をしているんだ」「躾がなってない」と思っているかもしれません。

される側の立場に立つとよくわかるのですが、無邪気なだけに怒りが増すのです。

小学校受験の面接においても、言葉遣いに関しては多くの学校で採点対象となっています。

模擬テストをしていても、気になる言葉遣いがあります。質問をされても「これ」という一言で終わり。「これです」と言えない子どもが増えてきています。質問に対して黙って指をさすだけで、言葉を発しない子どももいます。

どう思いますか。

面接という場なのに、普通のコミュニケーションすらとれないのです。

こうした子どもの多くは、質問の大半を保護者の方が答えてしまっています。子どもに質問していても、横から保護者の方が入ってきて、代わりに答えるのです。

このようなことを繰り返していたら、子どもがきちんとした会話ができなくて当たり前ですよね。

提出物の期限を守らない

実はこれ、とても大きな問題になっています。取材をしていても、学校・教師の保護者に対する不満の上位に来る内容です。

・提出物の期限を守らない。
・配布物を読まない。

保護者の方が配布物をしっかりと読んでいなければ、当然のように子どもの忘れものも多くなります。最近の保護者には、忘れものをしたら幼稚園や保育園で借りればいいと軽くとらえている方も多いのです。しかも、注意すると、「なら、わかりやすく伝えてくれればいいじゃないですか」「なら、前もって言ってくればいいじゃないですか」などと、責任転嫁をしたり、開き直ってしまいます。

最近増えているこのタイプの保護者は、言ってもすぐには直らないので、同じことを何度も繰り返します。そして、我が子が、「○○君は忘れものが多い」「いつもお約束を守らない」と、お友だちから言われると、今度はそのことについて、園にクレームや改善要求をするのです。

しかし、よく考えてください。クレームを入れるにしても、改善要求をするにしても、その状況を招いたのは保護者自身です。保護者が配布物を読み、提出物の期限を守ってさえいれば、何も言われることはなかったのです。

他人のせいにしてはいけません。

忘れものの内容によっては、みんなに迷惑がかかることもあります。たかが忘れものですが、そういうことになりかねません。

私どもが生業としている小学校受験の世界においても、この二つのことが問題になっています。その結果、配布物を読まない家庭の児童には、入学を遠慮していただくという学校が増えています。厳しいように聞こえますが、配布物をきちんと読み、その通りに行動するということが、学校にとってそれほど大事ということでしょう。

学校のそういった動きは、これから加速していくと考えられます。

いろいろな意見があると思いますが、入学する児童を選択するのは学校側です。選択される側が自分の都合を言ったところで、学校側の判断が変わることはないでしょう。

幼稚園・保育園や学校は子どもの成長のためにある教育機関で、保護者を育てる場所ではありません。

保護者はもう大人です。モラルはしっかりと持つようにしてください。

「遠いところ」まで配慮せよ

「遠いところ」まで配慮とは、具体的にどこまでの配慮なのでしょう。配慮には、次の三つの要素があります。

・距離　相手の人との距離（物理的・精神的距離）。
・時間　いつすることなのか。
・関係　自分の立場や相手との関係。

この三つの要素で「配慮」を考えることができます。また、「配慮」は、「気付き」にもつながっていきます。

つまり、相手のことを考えるだけでなく、自分にこれから起こりうることに、「気付き」、備えることにも応用できますし、「配慮」する範囲が広くなればなるほど、深くなればなるほど失敗も減るということです。

もちろん、子育てにも応用が可能です。

家庭の中でもぜひ取り入れてみましょう。

「配慮」を感じられた時、小さな幸せが訪れます。食卓で取ろうと思ったおかずがあった時に、「これ、美味しいから取るよ」と声をかけられたらうれしいですよね。取ってあげた方も、「ありがとう」と言ってもらえればうれしく感じるでしょう。

こうした小さな幸せが日常生活にあふれていたら、素敵だと思いませんか。そのような環境で育った子どもは、優しくて思いやりのある子どもに育つのではないでしょうか。

ほかの人にも「配慮」ができ、家庭内でも「配慮」があふれている。そんな素敵な環境を目指してほしいと思います。

ここでは大人を意識して書きましたが、子どもの世界においても同じことが言えます。子どもには子どもの「配慮」があります。

子どもといっしょに「配慮」探しをすることをおすすめいたします。

最初は少なくても、繰り返していくうちに驚かされるような「配慮」を見せてくれると思います。

配慮力

保護者の配慮の有無多少は、子育てにも大きく関係してきます。この「配慮」を「気配り」「気付き」と言い換えればもう少しイメージがしやすくなるのではないでしょうか。その範囲が広ければ広いほど、深ければ深いほど、子どもにはプラスの要素が多くなります。

例えば、子どもが解いた小学校受験の問題を日常生活に関連付けます。常識に関する問題に取り組んだ後は、生活の中で関連したことを探します。例えば、「電車の中でしてはいけないことをしている人」を見つける問題を解いたとします。その時、答えだけでなく、「するとよい」ことについても話し合ってみましょう。関連付けをするのです。もちろん、「どうしてなのか」「なぜなのか」についても話し合ってください。

その後、電車に乗ったら、「してあげるとよいことは何かな」と子どもに話しかけます。もし、座っていたのなら、立っているお年寄りや妊婦さんなどに声をかけにいってもよいでしょう。

きっと、席を譲られた方はうれしく感じると思います。子どもも、自分のしたことが認められれば自信が付きます。その時のことは強い記憶となって子どもの中に残ります。

やればできる。自分はできるという自信は、子どもを大きく成長させるでしょう。

このように、学習を生活と結びつけることで、子どもの理解は深まり、興味関心が広がり、探求心が増します。

しかし、子どもの場合、大人と違って、自分一人で考え、取り組むには、まだ力が足りません。保護者の配慮によって、子どもの成長が変わるということです。もちろん、保護者の方が、知識と知識を関連付ける内容や回数によって、子どもの学力伸長の度合いも変わります。

今回は、子どもの学力の伸ばし方に焦点を当てて書きましたが、何事も保護者の方しだいということです。

育児における保護者の責任は、重く、大きなものです。しかし、小さな頃にこうした考えを持つことで、成長してから人間性豊かな子どもに成長してくれるはずです。

子どもの将来のため、今は踏ん張り時です。

がんばりましょう。

電車内での飲食について

「電車内で飲食はしていません」「電車でお弁当を食べる人はいませんよ」という返事が大半でしょうね。お弁当を食べるのは、長距離電車や新幹線だけだと思います。だから、この項目について、「私は大丈夫」と思っている人は多いでしょう。ところがなのです。

ある国立小学校の入学試験で、こうしたことに関連した問題が出題されました。

「お母さんとお出かけをしたら美味しそうなパンがあったのでパンを買いました。電車に乗ってお家に帰っている時、途中でおなかが空いてしまいました。その時あなたはどうしますか」

この問題は、次の四つの場面の絵の中から選択です。

①お母さんといっしょに食べる
②自分だけ食べる
③我慢する
④食べたいとごねる

大人の方なら、「③でしょう」と簡単に答えます。それが正解なのですが、この問題、正解率が二割を切っていました。

その後、学校の会議で、どうしてそのような結果になったのかが話し合われたのですが、「おそらく、ふだん電車の中でお菓子を食べたりジュースを飲んだりしているのではないか」ということでした。

当時の副校長先生はその問題がずっと気になっており、入学後に、その試験を受けた一年生を捕まえては、「どの答えを選択したか」「どうしてか」を聞いたそうです。

その結果は、会議で予想した通りでした。

保護者は、軽い気持ちでお菓子や飲みものを与えていたのでしょうが、子どもは何が悪いのかわかっていなかったのです。

多くの子どもは、お菓子もパンも同じで、食べた経験があるから①か②に印をつけたということです。

「それほど遠出をしているわけではないので、少しぐらいの我慢はしてほしい。何でも子どもが望むからといって許すのはどうかと思う」「そういうことを教えるのが保護者の努めではないか」と先生が話をしていました。

電車内のマナーができていない人が増えているように感じます。

もう一度、電車のマナーについて考えてみましょう。

外食時に見かける光景

食事をしている様子を見ると、その家庭の躾がある程度わかるといいます。前にも少しお話ししましたが、我が家の子どもは男三人兄弟です。長男は社会人になっており、下の二人は大学生です。

家族五人で、家の近所の回転寿司によく行きます。そこの回転寿司はお皿をレーンの下の投入口に入れると、お皿五枚で一回ゲームができるシステムになっています。私を含め、男が四人です。食べ盛りの頃は食欲もすごく、一皿百円にも関わらず、会計で一万円札を出しても、いつもお釣りは硬貨数枚程度です。

ですから、ゲームの回数はほかのテーブルよりも明らかに多く、近くのテーブルで食べている小さな子どもからは注目されます。回数が多いということは、当たる数も多いので、注目される回数も必然的に多くなります。

うちの子どもたちは、当たることのみを楽しみにしているので、景品には特に興味がありません。ですから、帰る時に、周りの子どもに配ってしまいます。

ある時の話です。いつものように食べまくる子どもたち。それに比例してゲームもたくさん行われます。その日は周辺に子どもが多く、ゲームをするたびに注目されていました。

そんな中、斜め後ろの席から、「ほら、行っておいで、早く行かないとほかの人にもらわれちゃうよ。行けばくれるから」という母親の声が聞こえてきたのです。

その声は、周りの子どもにも届くほど大きな声でした。その声が聞こえた子どもは、その後、私たちのテーブルを気にはしても、それまでのように見ることはなくなりました。そのような声を聞けば、誰もがそうなると思います。

その母親の言葉にあきれる我が子たち。この後どうするかを見ていたら、そのテーブル以外の子どもに当たった景品を配り始めました。

「おとなしくちゃんと食べていたね。これいる？」と言葉をかけながら、渡していました。

すると、「なんでこの子にはないの！」と言葉を強めて、母親が言い寄ってきました。

「どうして？　おばさん、これは好意でしていることです。あのように大きな声で早く行かないとほかの人にもらわれちゃうよなんて言うことが恥ずかしいと思いませんか。ぼくたちも楽しく食事をしているのに、どうしてじゃまをするの？　大人なのに理解ができません」と言ったのです。

相手のことを考慮せず、自分たちのことを押し通す人は多いと思います。

この例は極端だとしても、ファミリーレストランなどで、子どもの友だちと保護者が集まって食事やお茶をしている光景をよく見かけます。

そんな時、大人は話で盛り上がりますが、子どもは飽きて、ふざけだします。酷いと店内をウロチョロしたり、大きな声で騒いだりします。

そうした時に、保護者を見ると、話に夢中になっていて子どもが目に入っていないのです。

ようやく注意したと思ったら、子どもたちはすぐに元通り。このような光景は皆さんも経験があるのではないでしょうか。

数回、このやりとりをした後、保護者は大きな爆弾を子どもに落とします。

しかし、よく考えてください。

あの狭い席で、子どもたちがどれだけの時間大人しくしていられるでしょう。騒ぎ始めたのは、我慢の限界を超えたからであって、怒ったからといって大人しくなるはずがありません。

大人は楽しくても、じっとしている子どもにとって楽しいことは何もありません。

楽しいことがない状況で大人しくしなさいというのは、子どもにとっては難しい注文です。

拙著『子どもの「できない」は親のせい？』にも書きましたが、

「どうして大人しくしていられないの」

と怒っても、

「あなたがそのように育てたからです」

という答えしかないのです。

自分の楽しみを続けるために、子どもに我慢を押しつけるのはいかがなものでしょうか。

目先を変えるために食べものを与えたとしても、食べ方は汚く、ダラダラとしてしまうと思います。

子どもたちが騒いで注目を浴びると、保護者の方は、

「周りのことを考えなさい」

と注意しますが、

「静かにしなさい。躾のできてない保護者だと周りから見られるでしょ。恥ずかしいからやめて」

というのが本音ではありませんか。そのような思いをするのが嫌なら、そうなる前にどのようにすればよいかを考えましょう。

過ぎたことを引きずらない

イライラした気持ちや悲しい気持ちなど、マイナスの意識は引きずりやすいものです。しかし、子どもを叱った時は、引きずってはいけません。

子どもは、よい意味でも悪い意味でも保護者の顔色をうかがっています。ですから、怒ったりした後、それを引きずってしまうと、子どもも気持ちの切り替えができないのです。

これは、子育て全般に言える大切なことです。

この仕事をしていると、子どもの成績で一喜一憂する保護者をよく目にします。しかし、保護者が騒いだところで、子どもの成績は変わりません。そもそも、子どもは保護者を喜ばせるために学習しているわけではないのです。

喜びすぎるとプレッシャーになり、悲しんでいると子どもをより暗い気持ちにさせてしまいます。

保護者の気持ちが不安定だと、子どもに悪影響を与えてしまうのです。

子どもは保護者のことをいつも気にしています。そして、保護者に喜んでもらいたくてがんばってしまいます。

ですから、受け止めることは大いに結構。しかし、それ以上のことはやめましょう。と、言葉で言うのは簡単ですが、気持ちをどうやって切り替えたらよいのでしょう。

言えるとすれば、保護者としての使命を忘れないことです。使命といっては大袈裟かもしれませんが、「子どもをしっかり育てる」といったシンプルな目標です。目標になること、先のことを意識することで、目の前の問題も少しは解消されるでしょう。

そうした意識を持つことで、目の前のことに右往左往することがなくなります。

今では死語になっていますが、母親のことを「肝っ玉母ちゃん」、父親のことを「大黒柱」と呼ぶことがありました。

私はこの呼び方が好きです。というのも、この二つに共通している、芯の強さ、懐の大きさが、子どもを育てるにあたって大切なことだからです。

芯が強くて懐が大きければ、動じることは少なくなりますよね。

そうなるには「引きずらない」ことです。

あとがき

『子どもの「できない」は親のせい？』を上梓してから約二カ月。

ちょうどこのあとがきを書いている今、コロナウイルスの真っ只中で、社会も会社も大混乱です。

私は、常日頃、混乱が起きる時には必ずチャンスが訪れると言っています。「さぁ、チャンスの訪れだ」と今も思っています。

保護者の方もお子さまを伸ばすチャンスですよ。今、ニュースでは子どもが家にいて大変というマイナスの報道ばかりが流れてますが、これだけ集中してお子さまと向き合える時間がありますか。

夏休みなら「プールだ」「キャンプだ」「山登りだ」と、外で遊ぶことがメインになってしまいますが、今はどうでしょう。

不要不急の外出は自粛してくださいと言われています。

じっくり時間をかけて、子どもと向き合えるチャンスです。

我慢を身に付けられるチャンスです。

そう考えたら、またとないよい時間だと思いませんか。

この問題に限らず、物事のとらえ方は一つではありません。この方向から考えたらだめなことでも、違う立場、違う観点から見ればチャンスなのです。

例えば、野球を例にしてみましょう。ノーアウト満塁。次の打順は四番バッターとします。守備側から見れば、これ以上ない大ピンチです。ちょっと投球を誤れば、ホームランを打たれて、一気に四点も入ってしまいます。

しかし、攻撃側から見れば、これ以上ないチャンスです。ホームランが出れば、一気に四点も入るのですから。

このように、立場が変わればとらえ方も変わります。

だから、外出自粛の期間は子どもを伸ばすチャンスなのです。

やることがないのですから、お家のお手伝いをさせましょう。「やること発見ゲーム」をして、何ができるのかを見つけて競いましょう。その時、きちんと隅々まで行き届いてできたでしょうか。

遊ぶにしても、アナログの遊具、ボードゲーム、トランプなどで遊べば子どもの思考力、推理力、記憶力などを伸ばすことができます。どうです、遊びながら子どもの力を伸ばせるなんて、最高ではありませんか。

掃除などは、隅々まで見る観察力が付きます。しかも、掃除の前と後ではきれいさが違います。

掃除をしたところがきれいになれば、うれしくなります。これを単なる達成感で終わらせるのではなく、感動まで引き上げましょう。

「次はどこをする？」

「今度のポイントは何？」

こうした会話をしてから掃除を始めてください。

得意げになった子どもは次々と答えを言います。そして、掃除中に「さっき言ったところはどこかな」「お母さんがするからいいよ」と言うと、きっと、自分でするという答えが返ってくるはずです。

どうです。

次から次とアイデアが浮かんできます。

子育てとは、こうした発想で成り立っているのです。

子どもの成長がなかなか感じられないと嘆いている方も安心してください。子どもは確実に成長しています。

ただ、少しだけ保護者の意識が先に行ってしまっているだけです。

『子どもの「できない」は親のせい？』でも触れましたが、そんな時はお子さまの過去に遡って、今と比べてみてください。そうすると、確実に成長していると感じられるはずです。

私は「お袋さん」という言葉が好きです。

この「袋」の中には何が入っているのかを考えた時、きっと、その中には子どもの嫌なことがたくさん詰まっているのだろうと考えます。

子どもの嫌なことを母親は一生背負って歩んでいく。「疲れた」と、袋を下ろした瞬間に、その中の嫌なことがすべて子どもに戻ってしまいます。

ですから、母親は重い「袋」を一生、笑顔で担いでいかなければなりません。

すごいことですよね。

保護者の皆さん、最後まで読んでいただき、ありがとうございます。

少しは元気を分けることができたでしょうか。

大変なことがあると思いますが、大丈夫と思っていれば大丈夫です。

笑顔でがんばりましょう。

二〇二〇年四月六日

日本学習図書 代表取締役社長
後藤 耕一朗

後藤 耕一朗（ごとう・こういちろう）

1970 年生まれ　千葉県松戸市出身。
児童書の出版社を経て、1996 年日本学習図書株式会社に入社。2012 年から代表取締役社長。出版事業の経営の他にも、関西私立小学校展の企画や運営、東京私立小学校展の開催協力、関西最大の模擬テスト「小学校受験標準テスト」の企画と解説を担当。全国各地での講演活動のほか、私立小学校設立の協力、国立・私立小学校の入学試験への協力と指導、教員への研修、学校運営への協力などのコンサルタント活動も行っている。本書は『子どもの「できない」は親のせい？』『ズバリ解決！　お助けハンドブック 学習編』『ズバリ解決！　お助けハンドブック 生活編』に続くシリーズ 4 冊目となる。

保護者のてびき④
子育ては「親育」
～親子で育つ 73 のヒント～

2020 年 6 月 23 日　初版第 1 刷発行
著　者　後藤 耕一朗
発行者　後藤 耕一朗
発行所　日本学習図書株式会社

印刷所　株式会社厚徳社
ISBN978-4-7761-1062-0

『読み聞かせ』×『質問』=『聞く力』

1話5分の 読み聞かせ お話集 シリーズ

（既刊2巻 ※以下続刊）

1話5分の
読み聞かせ お話集①
B5判　定価（本体1,800円＋税）

1話5分の
読み聞かせ お話集②
B5判　定価（本体1,800円＋税）

国立・私立小学校受験対応

「アラビアン・ナイト」「アンデルセン童話」「イソップ寓話」「グリム童話」「日本の民話」「各国の昔話」「偉人伝」という膨大な数の物語の中から、特に教育的、教訓的と思われる物語や、知名度が高い作品、過去に数多の小学校入試にも出題されてきた物語を中心に掲載しています。また、これらの物語の内容に関連したお子さまへの質問をページ毎に掲載。その都度、お子さまの理解の度合いをはかることで、「読み聞かせ」を通してお子さまの『聞く力』を伸ばすことを目指します。

（※各巻48話のお話を、見開きページで掲載しており、目安として約5分程度で読み終わるように調整されています。）